U0060017

大都會文化
METROPOLITAN CULTURE

大都會文化
METROPOLITAN CULTURE

Life is an attitude

生活是一種態度

給台灣的讀者：

我很高興這本書即將在台灣出版，因爲我在美國教授英文時，結識的台灣朋友曾告訴我，這本小書對他們以及他們的生活影響甚鉅，希望能與台灣的親友分享。現在，他們終於能如願以償了！

這些朋友發現到，美國三十歲以上的成年男女，和同一年齡層的台灣人，均有著共同關心的議題及夢想。隨著歲月消逝，難道我們不都一樣期盼著滿足於我們自身原本的樣貌，以及我們轉變成的樣子？我們難道不都希望自己對他人或對社會有所貢獻？我們不也都希望找到自己生命中的深刻意義？甚至我們不也一樣渴望著在有生之年，一直擁有活躍的生命力，盡情地參與生活、享受生活，持續地學習成長？

値得慶幸的是，你絕對可以實現這些夢想，而這本書正是一本絕佳的指南，引導你創造你所夢想的生活。

由於人生是一場漫長的旅程，沒有所謂目的地，也沒有所謂完全成長或圓滿這回事。因此，不論年紀多大，我們每個人體內都有一股隱藏的潛力正呼求你的發掘，我們的人生永遠都還有發展的空間，不論是之於個人的成長、學習、新發現的喜悅、頓悟的振奮以及體驗許多人生的第一次……等等。

在本書中，你可以學到實踐下列願景的訣竅：

- 為自己創造和諧平靜的生活。
- 成就最好的自我，成為你生來注定要成為的模樣。
- 設立目標，以實現你夢想的生活。
- 重新找回懂得大笑與玩樂的自己，知道怎麼做才能讓自己快樂。
- 找到你的熱情所在——亦即你最愛做的事——然後去追求它。
- 發現正面習慣的力量。
- 跟已長大成人的孩子之間，建立一種充滿活力、關愛及滿足的成熟關係。

To grow forever better

給台灣的讀者

- 改善與家人、朋友間的人際關係。
- 在身心兩方面，都擁有令人稱羨的健康狀態。
- 喚醒隱藏於你內在中等待被發掘的創意。
- 以及其他更多願景。

有很多台灣朋友告訴我，長久以來，他們所受的教育都是愛家庭而非愛自己！然而這本書之所以吸引他們的原因，在於它教導他們愛自己！此外，不論是美國人或台灣人，都有更多讀者表示，他們將這本書做爲床頭的枕邊書，如此一來，每當他們想要讓自己快樂時，就可以隨手拿來讀個一兩頁。

親愛的台灣讀者，衷心期盼這本書能激勵你們創造出——

愉悅、圓滿而幸福的生活！

Dottie Billington

Contents 目錄

Chapter 3

致勝的人生態度

Chapter 4 成人發展的習慣

Chapter 5 健康就是財富

Chapter 8 朋友和愛人

Chapter 9 尾聲

Chapter 1

幸福，就在眼前

如果你夢想得到，

你就能使其變成現實；

如果你想像得出，

你就能使其實現。

01 你最好的一面尚未嶄露頭角

你的能力正顫抖著等待破殼而出。

——馬斯洛（Abraham Maslow）

某個冷冽的冬日之晨，我和我的朋友凱蒂散步。她很不好意思地向我透露：「你知道有時我對未來，甚或是未來的走向感到恐懼。我看到那麼多人上了年紀後變得目光狹隘、負面消極、枯燥無味且討人厭，就好像卡在某個地方，動彈不得。我要怎樣才能確定自己不會變成那樣呢？」

她的話讓我震驚。她是一個很有活力，很吸引人的三十七歲婦女，一頭漂亮的秀髮，總是熱情洋溢。她看起來擁有一切能讓她滿足的東西，一個很好的工作，很多好朋友，她丈夫很愛她——而她居然對未來感到恐懼。我當下了解到我一定要寫這本書。

其中一個癥結在於我們對年輕太過著迷，害怕上歲數，光是步入中年就搥胸頓足。我們在不知不覺中忘了智慧是隨年齡增長的，未來的一年可以帶來過去從未有的經歷與智慧，每一年都是之前累積的成果。

我們必須要知道，隨著年齡增長，整個世界也在改變。不要只是一味想著五、六十歲有多老，如果我們培養出一個正面積極的態度，並抱持著合理、健康的生活方式，我們就能以年輕的心態步入八十歲，甚至九十歲。研究結果告訴我們，健康良好的生活方式比基因對壽命影響更大。

自二十世紀初，我們的平均壽命就遠比前二十個世紀的平均壽命來得長。我們因而得到了最寶貴的時間。

因此，不管你幾歲，二十歲，或是八十歲，你都要盡可能善用時間！在你體內所蘊含的巨大潛力完全超出你的想像。未來的時光可以是一個契機，讓你去轉變你的生活、實現你的目標和做你想做的事，你仍然可以在每個方面繼續成長──心智、智慧（這絕對是需要時間琢磨的，你很少聽過年紀輕輕就成爲智者的吧？）人際關係、才能與能力、感受，甚至身體狀況也是可以更入佳境的。

你可以變得更快樂：研究告訴我們，我們在未來的十年可以發掘更多的快樂，即使是邁入八十歲，甚至更老亦同。關鍵在於你選擇讓你剩餘的人生成爲你最好的時光。本書的目的就是要幫助你做到這一點。

開始

尋找一個榜樣，不管是男人或女人，只要他或她在成年之後生活有重大轉變，並認識了自己的精神層面，都值得效法。金融鉅子巴菲特（Warren Buffett）曾說過，如果知道一個人的榜樣是誰，就能判斷那個人未來會如何，因為他所景仰的榜樣所具有的特質，就是他可以學到的習慣與行為。同樣，他也可以選擇捨棄那些不景仰的人的特質。

你可以在你認識的人之中、今昔公眾人物中，或從書本、媒體及其他來源中找到你的榜樣。

設計未來的自我

1. 找到一疊紙，或最好是一個日記本。在本節及以下章節中，寫下這些事會有助於你管理思維和理解程度。
2. 具體寫下十年後你想變成什麼樣的人。描述你未來的個性——你覺得自己會是怎樣的人，會如何與別人打交道，你想怎樣生活、玩樂、學習、工作，怎樣建構你的世界。
3. 重新看你所寫的東西，增添或修改你想修正的部分。當你在讀這本書時，你會產生其他想法想要加上去。
4. 最後，列出所有的理由，說明為什麼你不能變成你所想成為的人。

你和凱蒂一樣，都有等待破殼而出的力量和能力。你擁有的成長潛力和快樂，都遠超出你的想像。本書有助於你自我發掘這些驚人、獨特的潛力。

如果你夢想得到，你就能使其變成現實；
如果你想像得出，你就能使其實現。

02 發展？還是止步？

當開花的時機來到，花蕾若仍緊閉花苞，
其痛苦將會遠大於冒險綻放。
——安娜伊思・寧（Anaïs Nin）

人不會老。可是如果他們停止成長，就會變老。
——愛默生（Ralph Waldo Emerson）

兩千年前，在一個大雪紛飛的寒冷清晨，哲學家老子在林間散步。突然他周圍的樹幹斷裂，發出一聲巨響使他大吃一驚，他向上一看，看到厚厚的雪堆積在牢固結實的樹枝上，一開始樹枝不彎，勉強支撐著增加的雪的重量，最終卻不堪重負而折斷。很快他又注意到，那些細而柔韌的枝條隨著雪堆重量而彎曲，雪順勢滑下去，枝條又彈回原處，因此他認爲隨著變化而彎曲比抗拒變化好。

爲什麼要成長？因爲抗拒變化將損害我們的良好狀態。著名心理學家馬斯洛（Abraham Maslow）認爲：「我們的能力喧嚷著希望被使用，只有善盡利用才能停止這些喧嚷。也就是說，我們的能力是需要派上用場的。」

最要緊的不是我們今天處於什麼狀態，而是我們朝什麼方向走。閉上眼睛想想：一切事物都在不斷地變化，山巒升降，陸地漂移，世代遷移。我們還活著，是因此時此刻在身體裡，老舊的細胞死去，新的細胞取而代之，七年之後，你全身的細胞都是嶄新的。因此，我們的腦子、身體其實是在一個連續流動變化之中，我們不可能保持完全一模一樣、一成不變的自我。

如果我們願意迎接變化，參與生命的變動，我們就能做得更好。希臘哲學家赫拉克利圖斯（Heraclitus）曾說：「萬物流變，無物常處……水是不斷流動的，所以你每次所踏入的溪流，永遠不會是同一條。」

選擇成長看起來是一個顯而易見的抉擇，但並非對每個人都那麼容易。你可能知道一些人，他們不斷學習，保持生機、熱情，對生活充滿樂趣；你可能也知道另一些人，他們彷彿害怕變化，他們固執地依照自己舊有的方式去思維和行動，這樣他們才感到更安全。他們甚至感到自豪與欣慰：「不，我不想變，我只想以不變應萬變。」但是在瞬息萬變的世界裡，不變不正是意味著退步，甚至是被時代淘汰？

選擇一成不變把一個人侷限在一條窄路，日復一日來來回回步履艱難地行走，逐漸地，這條路越走越深，最後變成一條深不可測的鴻溝，這樣的人再也看不到任何新東西，幾乎是與世隔絕了。

然而，成長就像爬山一樣。在山腳下，走過叢林密布的小徑，你僅僅能看到不遠的周圍——小路、樹林、小溪或瀑布，當你爬高一點，走出樹林，看到下面村落，眼前形成一幅新畫面；當你繼續攀登，你將會看到一幅群山環繞的全景畫面及遠處的村落。只有當你到達山頂，完全走出森林時，你才能看到整體景觀：山的一邊是沙漠，另一面是大海。

只有此時，你才可以辨認出所有景物之間的關係——這條小溪是瀑布的源頭；山巒擋住雨水，這就是爲什麼山的一邊常綠，而另一邊則是沙漠。

當我們成長，我們的思維由簡單走向複雜，在我們不那麼成熟時，我們看事物是獨立的——幾棵樹在此處，一條小溪在彼處；當我們逐漸成熟時，我們逐漸能看到一個整體畫面，理解複雜事物的相互關係，而這正是成熟思維的基本。

許多人不願意選擇攀登到山頂，因爲那段過程需要耗費精力、冒險，並付出代價。但這種努力是值得的，因爲每登高一步，你所看到的景觀將帶給你興奮、理解和智慧。

成長的旅途並沒有最高的頂峰，永遠都有學不完的事物。你可以活到老，學到老。在學習的同時發現你自己的眞情、力量、智慧。成長不是一個目的，而是一個過程。我很喜歡紀伯倫（Kahlil Gibran）的一句話：「人就像一朵擁有無數片花瓣的蓮花，層層展露。」

近年研究結果告訴我們，選擇成長的成年人有以下特徵：

★保持生機活力，生活得十分充實。

★人變得更幽默，而且看待生活時顯得更豁達。

★體力和腦力都更健康。

★心智更靈活。

★更懂情趣。

★更有創造性。

★有生動、滿意的人際關係。

★即使是其他人感到枯燥乏味的事，也能像孩子般，抱持敬畏、喜悅、驚奇和狂熱的心，欣賞生活中每一樣簡單的事物。

一個成年人如何成長呢？你只需要邁開第一步，接著這些充滿樂趣的事就會發生：一個小小變化會激發另一些變化，因爲變化會創造它自己的連鎖效應。一旦你決定要讓自己成長，哪怕僅採用這本書的一個主意，你都會感到成長是件令人振奮的事，並願意繼續下去。

我們之中沒有人是江郎才盡的，我們每個人都有某些未知的才能尚有發展的潛力與空間。未能充分運用自己的潛力，是一件有可能發生在任何人身上的毀滅性悲劇。當這種情況發生時，你將會感覺到滿腔的空虛、渴望、沮喪與憤怒。

——人類學家霍爾（E.T. Hall）

03 你內在的力量

真正的自由，不是去做令他人高興的選擇，而是變成自己的主人。

——佚名

瑞奇是我在研究所讀書時的教授之一，他是一個很好的人，但他從來沒有對自己的健康多加留意。四十三歲時，他感到自己老了。有一天，他和兒子一起去看中國武打明星李小龍的電影。看電影時，他突然對自己說：「李小龍在那樣的年齡，還是能保持這麼好這麼硬朗的身體，沒有什麼理由我不能像他一樣。」於是，他開始鍛鍊身體，先是慢跑，再騎自行車，現在他的身體健康極了！他坦承：「健康的身體給了我很大的自信心，並更了解自己，而且也證明我有能力去做任何我想做的事。」

當你年齡漸長，你也可以像瑞奇那樣，不僅在身體上可以發展得更好，而且在其他所有領域也一樣可以獲得改善。你想在哪方面發展，以及如何發展，取決於你自己。你可以自行決定改變一些舊有、無效的習慣，讓自己過得更好。你能創造自己的未來。我知道這似乎聽起來有點簡單、太天眞，但你好好想一下，這難道不是眞理嗎？

用心理學的行話說，身心健康的人有內在的控制力，而不會依賴外在控制力。換言之，身心健康的人遇到困難，絕不會一味譴責別人或抱怨世界，而是清楚地體認到，在所有面臨的困難當中，都存在一股內在的力量，能夠影響你生活的方向。那就是你所擁有的內在力量。

如果你自己都決定要繼續發展，成爲一個不論自己或別人都會感興趣的人，除你自己之外，還有誰能阻止你？你所需要做的就只是判斷是否已經準備好了，並樂意去努力，然後付諸行動。

你可以由此開始：

1. 靜靜地坐下來，將日記放在膝頭，自問：「我想要改進生活的哪些領域？」考慮到你的心智、身體和情感的健康狀態；你與朋友、配偶、家庭的關係；你的工作……，總之，你生活中各方面的重要問題都要考慮在內。就像腦力激盪，寫下閃過你腦海的每一個想法。（參考第25節。）

2. 對每一件你列下的事情，詳細描述你理想中的情境為何，你想將生活中的哪些領域改進到何種地步。

3. 現在，寫下任何可以使你的設想成真，且你所能達成的事。

4. 開始一步一步地去做。

關鍵在於——你是你自己的主人。就像瑞奇那樣，他選擇讓自己的身體健康，你也能夠選擇掌控你自己的生活。

Chapter 2

發現自己的長處

「生命的目的」重在有影響力

——感到自我的價值感，

支持某事，

使我們的生活產生根本的改變。

04 敞開你的心胸

一個人認為他知道，其實他並不知道；
而他覺得不知道的事，他其實是知道的。
——坎伯（Joseph Campbell）

歌德（Goethe）說：「人們總是嘲笑他們不明白的事物。」這句話是多麼的正確！我們總是傾向抗拒從未聽過的理論，因爲我們自然而然的想要維護自己的世界觀。我們想縮在自己感到安全的和熟悉的環境之中，緊緊地把「門」關上，防止外界新觀念的挑戰。我們每個人都趨向於這種思維，別人的東西都是一種神話想像，只有自己的才是眞理。

幾乎每一個在本世紀初被認爲絕對正確的科學眞理都受到了新考驗，或發現它們其實是不正確或不完善的。生活中也沒有什麼絕對。

再說，我們人類大多數最偉大的發現都曾經歷憤怒的抗拒，即使是巴斯德（Louis Pasteur）足以改變歷史的細菌學說，也難逃這種命運。當他認爲我們肉眼看不見的微生物是繁衍許多致命流行病的根源時，他遭到辱罵、嘲弄，認爲他荒謬可笑，他的學科同行及大眾都稱他爲低能兒。當時沒有人相信，那些小得看不見的微生物「細菌」，可以在龐大的人體內造成如此嚴重的破壞。

一九八二年，我丈夫比爾曾提議我們應該買一台電腦，因爲這將會有益於他和我的工作。開始，我就不接受這個想法，認爲那僅僅是一時流行的小玩意，最終不過又是淪爲賤賣品。當然沒過多久，我就想自己單獨擁有一台電腦了。

想想一些你熟識的人。你或許可以從他們身上看到心胸開闊不同的程度——從完全拒絕接受新觀念，到對新觀念抱有相當程度的熱情和好奇心。你可以在當下就列出一個清單：在這些人當中，誰是一直在成長、充滿活力的人，而誰又是看起來停滯的人。

固執己見與智慧不能同時並存。

——鮑提斯（Paul Baltes）

關鍵是，心胸開闊爲成長的前提要件。這道理似乎再簡單不過了。要能成長，就必須放開心胸，願意學習新觀念，願意用更有效的方式去思考、行動和生活。

有一則流傳很久關於「禪」的故事，講述有這樣一個學者，他認爲自己從歷史到數學的所有學科都是專家。但這位學者對禪一無所知，他決定把禪加入他的學習計畫中。有一天，他去拜訪南隱，他是一位禪宗大師，住在郊外的農舍中。這位大師請他進屋，並奉茶相待。他將這位學者茶杯斟滿之後，還繼續倒水。茶水溢出茶杯，流到桌上，又滴滴答答地往地下流。這個學者一直呆看著，直到最後他不得不說：「滿了，滿了，不要再加了！」「完全正確！」南隱說，「你的腦子就像這個杯子，充滿了自己的想法和觀點，而沒有餘地容我向你介紹禪。」

我發現在我與那些充滿活力、持續成長的人交談時，他們總是滿懷好奇心，和孩子一般熱情、喜悅和驚喜，他們大腦的天線不斷地旋轉——接聽、尋求和發現生活的新領域。瑞奇教授曾說：「我讀了許多偉大的思考家寫的書，我知道他們這些人都一直在與眞理爭論，而且沒有人發現答案，但重要的是過程，而不是結果。」像這些人，他們不會變老，因爲他們一直在學習、成長，直到生命結束的那一刻。

這兒有幾個方法能幫你保持心胸開闊：

- 留意自己對那些新觀念的反應，你是否願意接納並抱持好奇心？或者因為這些想法是不熟悉的、新的或不一樣的，所以你會抗拒？
- 當你發現自己聽到某些想法，會寒毛倒豎、想立即反駁時，冷靜下來，想一想自己的反應。惱怒往往是一種拒絕的信號。
- 記住，對於我們大家來說，許多新觀念第一次聽起來都是荒謬的。

05

生活需要歡樂和趣味

犯錯是人之本性，而其中卻蘊含神性。

——梅蕙絲（Mae West）

天鵝死前歡唱——世間多美好。
是否有些人尚未歡唱前便已死去？

——柯立基（Samuel Taylor Coleridge）

在繁忙的生活中，你能拿出足夠多的時間來享受簡單的快樂嗎？你能經常停下手邊的工作，去聞一下剛剛修整過的草坪清香，或與朋友一起聊天聊得仰天大笑嗎？我們大家的回答幾乎都是：「不常這麼做。」

從孩童時代開始，在我們內心深處總有一個聲音叫我們要努力工作，獲得成績，一定要規規矩矩做人，不要做這，不要做那。在我腦海中，時常回響著母親的話：「不要那麼不像女孩子，你看過舒爾茨太太做這樣的事嗎？」舒爾茨太太是我們的鄰居，她是一個循規蹈矩的淑女，但我卻不記得舒爾茨太太看起來過得有多開心！

生活不是彩排或預演。人生只有一次。你不可能重頭再來一次。當事情過去，它就會永遠地過去了。如果你現在不充實地生活，又待何時？

關鍵是，你要時時爲自己添加些歡樂，你要爲自己生活增添樂趣，細細品味生活中每個寶貴的經歷，用你內心的熱忱去體驗生活中的每一刻，而且品嘗你所有感官帶給你的感動——欣賞動人的日落，深吸一口剛剛修剪過的草地芳香，傾聽你生活周遭和諧的聲音，感受每一次擁抱、笑容及愛的表達。開懷大笑時，笑到肚子痛或流出眼淚，即使喧譁吵鬧，但又如何？爲什麼不盼望一頓好飯菜，或與你心愛的人舉杯暢飲使你銷魂醉心的紅瑪瑙色葡萄酒？爲什麼不積極去感受愛

06 別把自己逼得太緊

你所能做的便是盡最大努力去做，如此必有回報。

——佚名

我們之中有些人是自己最頑固的敵人，你是這樣的人嗎？你如何和自己交談？你對自己能抱持著鼓勵、寬容、耐心和理解之心嗎？還是你常對自己說些諸如此類的話：「你這個笨蛋，你什麼事也做不好。」

當我向我的婆婆海倫請教她的生活祕訣，這位高齡九十二歲卻依然機敏的老太太對我說：「不要對別人或自己吹毛求疵，特別是對自己，挑剔自己就像是啄木鳥在樹上啄食一樣，最終這樹就被啄倒了。」

正如持續不斷苛責孩子會逐漸傷害孩子的自尊心和自我發展，若不斷譴責自己，也會有同樣的後果。你只是平凡人，像其他人一樣敏感、易受傷害、自我質疑，你需要鼓勵和正面的回饋，和孩子一樣，也和其他人一樣。如果你不給自己積極的東西，誰會給你呢？

不管我們如何努力，我們永遠不會十全十美，沒有一個人能夠。而且當你想到這點時，你又是如何定義「完美」的？誰又有權力去定義它？例如，世界上曾有過十全十美的父母嗎？過多的愛或太少的愛，都有可能傷害孩子。如果我們過分努力幫助孩子獨立，我們便有可能忽略了他們。

如果一個男士優雅而敏感，就會被貼上女性化的標籤；如果一個女士很決斷，她很容易被標示爲霸道。尋求完美像是一個氣球，如果我們擠這邊，另一邊就會鼓出來。

信任你自己，盡最大努力去做，便是生活的最好方式。

試著這麼做：把自我對話當成是一種對自我的程式設計。不斷提醒你自己所擁有的才幹、特殊長處、能力、優點和可愛之處，保持這些，幫助你自己加重並重溫自己的形象，知道自己是誰。

我總是在檯燈上貼著這樣一張字條，提醒自己：「當我們做了最大努力，我們應該靜靜等待結果。」如果努力沒有達到預期的效果，也沒關係。著名棒球選手貝比．魯斯（Babe Ruth）擊出七百一十八個全壘打的過程中，有一千三百三十次被三振的紀錄。

07 發現自己的目標

沒有目標，你會變成過去的自己；
有了目標，你會變成你所希望的人。

——佚名

在你的生活中，有什麼對你是最重要的？你所花費的時間是否用在最重要的事情上？我們大部分人都沒有將時間用在最重要的事上，因爲我們從未認眞思索過，自己生活中最要緊的東西或目標究竟是什麼。等到有一天我們終於思索到這個問題，我們要如何才能善用時間，享受生命？

底下是一個設定目標的練習，不僅有效，也很有趣。你可以自己一個人做，也可以和朋友、家人一起做。你會發覺一年擬定一次目標（比方說在生日當天進行），可以幫助你的生活朝一定方向前進。

1. 整個過程會花十五至二十分鐘。先坐下，準備四張紙、一隻筆、一只錶或計時器。
2. 在第一張紙上面寫下：「我從今以後的生活目標是什麼？」用兩分鐘回答這個問題，寫下任何在此時進入你腦海的念頭，包括一般性的、特殊性的、發展性的……甚至是看起來可笑、令人吃驚的想法，或者夢想之類的任何東西，這可以包括個人、家庭、職業、社會、智力上或精神上的目的。
3. 下一步，再用兩分鐘重新瀏覽你的目標清單，做任何添加或刪改，直到滿意為止。
4. 在第二張紙的上方寫下：「我想怎樣度過接下來五年的時光？」同樣，用兩分鐘列下所有你想到的想法，越快越好。再用兩分鐘來修改、添加或刪除。

5. 以不同的角度來看你的目標清單。在第三張紙的上方寫下：「如果我知道從現在算起再過六個月，我就會死去，我如何度過這六個月？」假設所有與死亡相關的事情，像是立遺囑等，都已處理完畢。再次寫下你的答案，兩分鐘之內，越快越好。

6. 用兩分鐘再瀏覽一次，做任何你想到的修正。

7. 現在用兩分鐘或更多時間瀏覽以上三張清單。你可能發現，其實你第二、三張的答案只是第一張的延續，或者因注意力集中在一個較短時期，你的目標可能發生轉移。在這個練習中並沒有所謂對或錯的答案，這個練習旨在幫助你發現在生活中什麼對你是最重要的。

8. 下一步，排列所列事項的優先順序。在第四張紙的上方，寫下三個最重要的目標，從你所列出的所有事項，挑選三個對你來說最具有意義且最重要的事。你還可以進一步依其他目標對你的重要性，加以排列。

現在何不花上幾分鐘，來做一下這個練習？完成以後，分析思考一下你的答案。例如，如果你六個月的清單寫著和第一、二張紙完全不同的目標，你可能要捫心自問，你是否忽略或忘記了你內心最深處的呼求。進一步，如果目前的生活方式阻礙了你向重要目標邁進，你可以做些改變，像是取消一些活動，或重新安排你的時間。

這樣的練習可以讓你確信，你現在過的生活，對你來說是最有意義的。你可以每年做一次這種練習，如此就能定期調整你的目標，讓生活的軌道維持一定方向前進。

08 創造你自己的未來

我們無法主導風向，但卻可以調整風帆。

——佚名

我的朋友凱琳說：「你能感覺到生活前進的方向，如果這個方向並非是你所期望的，就必須做些改變。」她離婚後的四年中，將自己全部時間用在工作、兒女和社區活動上。現在，她的一兒一女都相繼結婚，而且搬出去住了。她坦承：「最近，我開始對男人有興趣，我想我已經準備好要開始約會了。」

「但是要怎麼開始呢？我甚至不知道要如何調情。我對待所有男人，就像對待我的三個兄弟一樣，即使是相當吸引我的男人。」她說到此處時哈哈大笑起來。因此，她決定去學習如何與男性交往，請朋友從旁指正。她參加一個健身俱樂部，每週三次健身操和啞鈴訓練，另外幾天做快步行走，目的在於訓練曼妙體形及紅光滿面的精神狀態。她開始多吃蔬菜、水果，少吃一些肉食和高脂肪食物。現在，五十幾歲的她比以前更有活力、更吸引人。

由於她的社交依然侷限在舊有的朋友中，她開始尋找新的活動，這些活動看起來更有可能爲她提供機會去認識一個合適的男伴。而且，她對舊有的朋友也坦誠：「我準備開始約會，如果你們認識很好的單身男士，我很樂意接受介紹。」

在她第一次約會結束之後，這位男士並沒有打電話給她，她很失望。她想到她不會因此失去什麼，就主動打電話給這位男士。她說：「我問他對我是什麼印象和什麼事情阻止他與我進一步往來。我告訴他，我有二十五年都沒有與男士約會過，所以想知道我自己的形象和所作所爲不妥之處。這位男士笑了，說他要找的是一個性情相投的人，而我並不是他想找的對象。我們聊得不錯，比我們那天第一次約會吃晚飯時好得多，那次他緊張得把叉子都掉在地上。」現在凱琳和這位男士變成了好朋友。

凱琳並沒有被動等待，或期盼著某個奇蹟發生，她積極地做她可以想到的每一件事，以達到她的目的——找到一個適合自己的男士，甚至是一個性情相投的伴侶。她體會到創造自己想要的未來意味著：

★主動掌控自己的生活，而不是僅僅回應別人。
★拒絕一個由別人控制或由某種機會而偶爾造成的未來。
★變成主人而不是一個犧牲者。
★謹慎地決定你想發生的事，然後採取必要的步驟，去促使想像成真。

在我的研究中，每一個有活力、不斷成長的人都很清楚知道他所想要的生活方向，而且一步步地向前去達到自己的目標。令我印象十分深刻的是，他們細心計劃生活中幾乎每一部分和每一步驟，包括他們的人際關係、個人發展、體力和腦力的靈活訓練，他們的工作，甚至是他們的娛樂。瑪麗，一位漂亮的七十四歲教育家曾說：「生活就像駕著風帆，我們可以讓風任意地控制船向，也可以運用風去達到我們的目的。」

在小地方，像是去面試之前，你可以盡可能地有所準備，了解跟公司有關的一切，這不僅是幫助你明白是否眞想爲這家公司效力，確定這個工作是否與你的目標一致，而且準備完善也可以讓面試者對你印象深刻。而在買房子或租房子之前，你也可以事先準備，調查鄰居、社區狀況、摸清學校、交通便利與否，以及所有你所關心的事。

從長遠目標來看，你可以計劃在退休之後，需要多少錢才能過著舒適的生活，然後安排一個儲蓄和投資計畫去達到這個目的。像巴菲特（Warren Buffett）所說：「前人種樹，後人乘涼。」

試試這些方法：

1. 想想在你的職業或個人生涯中，有哪部分不盡滿意。
2. 寫下如果不做任何改變，可能發生什麼樣的事。

3. 下一步，盡可能詳細地描述，你想讓你這部分的生活變成什麼樣子，描繪理想的情境。

4. 放鬆坐下，思考片刻，想想有哪些步驟可能實現你所描述的結果。寫下這些想法。

5. 現在，列出兩欄——分別表明消極被動和積極主動兩種方式結果的區別。

當你積極、活躍地生活，你創造你自己的未來。你調準自己的風帆，航向你選擇的目標。你計劃、收穫、生活於你想要的生活中，這是你的力量在引導生活。

到此，你已經將你的生活管理得很好了。當你聽見其他人說：「這傢伙眞是集所有幸運於一身」時，你就不用驚訝其中的奧祕了。

09 發現你的熱忱，追求它

人生如果不是場大冒險，就什麼也不是。
——海倫．凱勒

只有願意嘗試去做看似荒謬之事的人，才可能達成不可能的任務。
——佚名

羅拉熱愛她在中西大學的教學工作，但她選擇放棄寫作、研究，好全心全意照顧她的家庭。在丈夫死後，她感到很孤單，因爲他們結褵二十五載，加上兒子們也都離家上大學。幸虧她還有工作，她發現，現在她可以全心在工作上，再也用不著爲了擔心照顧不了家庭而感到內疚。

八年之後，羅拉生活裡洋溢著光輝與快樂。她對她的工作與生活都充滿熱忱。她的精神鼓舞著她周圍的人，而她正是著名葡萄酒商莫達維（Robert Mondavi）所說的那種榜樣：「僅僅對某些事有興趣是不夠的，如果你想卓越，你必須有一種發自內心的熱忱。」現在羅拉的詞形變化研究被廣泛認可並採用。她被邀請到處講學，足跡遍布全美各州。我從來沒見過一個人在八年的時間內取得這麼大的成就，五十六歲的她仍不停地成長。

羅拉對生活的熱忱是極富感染力的。光是在她身邊，就是一件令人愉悅的事。當她從中西部到西雅圖來訪時，我們根本不用擔心如何安排她的娛樂。她總是那麼興奮和富有熱情，不管我們怎麼安排，她看見什麼，或者結識什麼新朋友，或到哪兒去用餐，她帶來、帶去的都是歡樂。

中年生活中最好的一件事，就是終於有了更多的時間去追求自己的熱忱，你怎樣才能發現自己的熱忱所在?蓋爾．希伊（Gail Sheehy）說道：「你專注地參與你所喜歡的一個活動，在這之中，投入越來越多的時間，這就說明你對這件事有很大的熱忱。」

參與某些吸引你的活動，向自己挑戰，激起自己的活力，使你感覺自我活躍、生動。這些活動可以是任何活動，從園藝到寫作，從生物化學到觀察鳥類。想想什麼事情會使你著迷，什麼話題你最愛談論，或最愛閱讀？什麼活動可以使你忘懷一切？什麼事情可以使你感到時光流逝得太快？

你也許對很多東西都富有熱情。戴維，一個充滿自信、五十五歲的大公司執行經理，他說：「我的興趣在特定的事情上得到激發。我的熱忱在於發現一種令人興奮的新挑戰，或學習新事物。」

關鍵在於：

- 發現你喜歡做什麼，就去做。
- 不要問自己是否有足夠的能力去做某事，只要問自己是否真的願做此事。
- 盡你所能地追求你內心的熱忱。

•你為此會失去什麼？像微軟公司首席執行長史蒂夫•鮑默（Steve Ballmer）所說：「每個人的任何優勢就是一絲熱忱，不是嗎？」

在世上，最具有力量的就是人所燃燒的熱忱。發現你的熱忱，追求它！

10 積極的態度是上策

你和腦海中建構的自己如出一轍。

——歌德（Goethe）

一九八五年，我和丈夫到中國旅行，同行的旅行團有十七人。當幾個星期過去後，我們發現自己由於被旅行團中的幾個人所困擾，而變得越來越煩躁和氣憤。當我們單獨在一起時，總是像一對愛嘮叨的老夫妻一樣發牢騷、抱怨和生氣。

回到家之後，我們了解到——其實是我們自己的態度毀了這趟旅行，我們坦承：「其實，問題不在別人，而在我們自己。那幾個同伴也都是不錯的人，他們只不過是按他們本來面貌生活。究竟我們有什麼權力去對別人品頭論足？」這樣一個突然的醒悟，我們倆都感到我們被一種親切、厚道的感情所感染。我們明白了，當我們批評其他人時，我們並不能準確地判定他們。他們就是他們本來的一切，我們應該確定的是自己的做人準則——善待他人。

兩年之後，當我們準備到俄羅斯旅行的時候，我們決定做一個小小試驗——努力發現我們每一個旅行夥伴身上新奇的特點。因爲從前一次旅行教訓中，我們的確相信每一個人身上都有些僅僅屬於他或她的優勢。隨著我們態度的改變，俄羅斯之行對我們不僅是一個完全的歡樂，而且似乎這是隨旅行團旅行之中最好的一次經歷，我們體驗到了人們互相接受和互享快樂的行程。我們想積極接受的態度大概是富有感染力的。

我們學到了，你完全可以選擇讓你自己成爲一個積極正面的人，還是總讓自己處於消極負面的情緒之中，而且這種選擇將會影響你生活中的每一件事——你的人際和家庭關係，你的工作，你對自我的感覺以及你想成爲什麼樣的人。

積極的思考方式或消極的思考方式，將決定你對所見所聞採取的分析過濾類型。當你持一種積極、樂觀的態度，你便會以一個清晰、明亮的篩選方式觀察生活。你不是沒有看到問題，重要的是你看到了潛力，看到了透過雲彩散發出的陽光。用這種樸素簡單的態度去看待和體驗生活，讓生活更好一些。如果你持消極態度，一個烏雲密布的篩選方式會扭曲你看到的事物和做的任何事。最壞的是，它將遮蔽你生活中積極、光明的一面。

每一個消極的思緒或行動，都會破壞你的情緒，加重你翅膀的負擔，讓你飛不起來。消極情緒只會影響你的腦力、體力和精神正常運轉。

我們大家都想要、也需要被別人喜歡，因此最重要的是要記住，那些積極樂觀的人更具有吸引力，而消極悲觀者是很難相處的。

即使你決定要做個積極樂觀的人，你也會不時地陷入一種消極思維中，我們大家都會這樣。

試著這樣改善：

‧留意自己的思考方式。當你意識到消極悲觀從某處向你襲來，立刻停止，並有意識地將自己轉到正面思考的模式中。

‧當你感到自己被許多難題、擔憂和困惑的消極思想壓得喘不過氣時，盡最大努力移開它們，將這些令你擔憂的念頭分割開來，想像它們活生生被一件件放進一個「大黑氣球」。在你的腦海中，鬆開拉住這個黑氣球的繩子，讓它浮到雲層中，你會感到某種負擔離開你的大腦和全身心。（我很喜歡這個小技巧——它真的很管用！）

‧當你感到自己正逐漸陷入一種消極情緒時，請教一個你所信任的人，讓他給你一點啟發。

你對生活持積極或消極的態度其實只是一種習慣，而積極的態度永遠是上策。

11 神奇的歡樂時刻

抓住每一天，對生命感到喜悅，因為生命給了你機會去享受愛、工作、歡樂以及那美麗的星空。

——美國短篇小說家范戴克（Henry Van Dyke）

在你的生活中，你有足夠的快樂時光嗎？也就是說在那一剎那間，你是否忘記了過去未來，完全融入當下純粹的歡樂與神奇時刻？

自然攝影師凱莰說：「當我看見我們的餵鳥器上有隻鳥媽媽在哺乳她的小寶貝時，我整顆心都爲之撼動了。作爲一個攝影師，我可以在任何地方發現美。我的眼睛總是可以掃描到許多有趣的圖畫、漂亮的光影、色彩、紋路——像水面上的漣漪等。關鍵在於你要活在當下，在那個瞬間專注於美，而非去做些什麼。

我非常喜歡上攝影課，因爲它訓練我們如何看到周遭的美。有些學生在課程結束時，眼睛總是滿含淚水，因爲我與他們分享的知識使他們發現可以在一個更高的層面上享受生活。」

正如杜・莫里哀（Daphne du Maurier）所說：「歡樂和幸福並不是一種被獎勵的財富，而是一種思維品質和心智狀態。」

找出你最歡樂的神奇時刻：

1. 對這個問題寫下盡可能多的答案：在你的生活中，什麼事情可以帶給你歡樂的神奇時刻？
2. 在你的答案中區分主次，按照哪一件事帶給你最大的快樂為順序排列。

你對你的答案感到意外嗎？我丈夫比爾和我都對我們的答案感到意外，我們都發現我們最大的歡樂居然來自那些日常簡單的事情中。每天清晨，我捧著一杯熱熱的茶，在花園中散步，察看各種蔬菜和鮮花，它們閃爍著晶瑩的露水，此時，我十分高興。我也愛去買日常用品、食品，和賣鮮花的女士及賣蔬菜的男士們交談。我們倆都十分喜歡傍晚時分蜷縮在爐火前的沙發上讀書的暖和感覺。這種揭示使我們認識到，儘管我愛我的工作，我愛我的朋友們，我愛旅行和觀賞戲劇，然而我生活中最大的歡樂其實常常來自每天日常寧靜、簡單的活動。

想擁有最歡樂的時刻，你必須全心留意每天的所作所爲，要能品嘗你經歷的每一個過程的細微差別，豐富你的感覺。那有可能只是享受一個清晨的日出——富於變幻的色彩，那寧靜和美麗的意境，也可能是全心與一個你一直關心的朋友相處，傾聽他們的話語，感受他們的情感，關注他們所關注的事物。

試試這樣一件事，將一個新鮮的檸檬、橘子或水果捧在手中，集中全部注意力觀察它的顏色和質地，聞它的清新氣味，你感覺到了它的濕潤、涼意或溫暖與光滑了嗎？你能盡情享受這一刻嗎？

從長遠來看，儘管一個偉大成果將使你有一段時間都會感覺很好，不如說，這些日常、簡單的幸福，每一天、每一年都能更豐富並滋潤你的靈魂。

12 愉快是會感染的

所有偉人的生活總是會提醒我們，我們能使我們的生活高尚，而離開世上時，將會把走過世界的足跡，留在時間的沙灘上。

——朗費羅（Henry Wadsworth Longfellow）

我忘不了多年前曾讀過一篇很棒的歐亨利故事：一對夫妻住在紐約的一間公寓，有天早晨他們外出買東西，妻子親切、愉快地向在路上碰到的人打招呼問候，笑著讚揚在街旁工作的人。她的所作所爲讓所有人對自己和對生活的感覺都好了許多。

這個丈夫則剛好相反，他總是抱怨、嘲笑看到的人和事。他給人們總是不滿一切的形象，傷了人們的自尊心。但令人意外的是故事結尾，到了隔天早晨，當他們再次出去時，他們角色對換了，丈夫在人們心中留下良好印象，而妻子卻留下了傷害和沮喪。

這個故事使我了解到，你的確可以選擇對待別人的態度和行爲。你可以選擇留下愉悅的足跡。並非一定要成爲偉人，才能在時間的沙灘上留下自己的足跡，只要在每一次與人們的互動中，人們因爲有了你而感到自己的價值和獨到之處；在每一次與人們的互動中，你打開了人們心中美好的園地，你就會在世上留下一個難以抹滅的印記。這種美好是很難被遺忘或失去的，它將會變成一個人的一部分，心靈的一部分。

找找這種使別人感到自己的存在是有價值的機會。當別人感激我們時，我們不都很高興嗎？我們難道不需要這種感覺嗎？看看這是如何產生效果的。當你做了一件幫助別人的好事、善事，它的效果會擴展，像塊小石子投進水中會引起一波波漣漪。即使你只是讓別輛車超車，先於你上高速公路，注意那輛車的司機，他們多數都會感謝你的禮貌。善良和熱情是有感染力的，讓它在生活周遭無限蔓延出去。

我僅有一次人生，
因此，如果我對你有任何幫助，
就讓我現在就這麼做，
因為在人生旅途上，我不會重複經過這條路。

——蓋爾・賽耶斯（Gail Sayers）

13 回報

只有自強自力者才能真正幫助他人，這是生活中一種合理的平衡和美好的補償。

——愛默生（Ralph Waldo Emerson）

人們很容易陷入自己的生活，而失去與四周互動與接觸的機會。但當我們將自己侷限在一個狹窄的個人利益中時，我們也限制自己身為人類不斷成長的能力。我們經常看到媒體繪聲繪影的形容中年人和老年人是享受者而非貢獻者，彷彿他們除了以自我為中心的活動外，任何其他事都不涉及。當然，有些人過的確實是這麼一種日子，但並非所有人都是如此。共計有九千三百萬中老年美國志工隊在各個領域內服務，他們樂於貢獻自己——他們的時間、友誼、關懷、才智。

這兩種類型的人，你可能都認識，但你認為哪種類型的人更具自我價值感、自尊和自信？

「生命的目的」重在有影響力——感到自我的價值感，支持某事，使我們的生活產生根本的改變。

——美國作家羅斯坦（Leo Rosten）

研究不僅告訴我們，對社會有貢獻的人們的確對自我的感覺會更好，而且發現人們在中年或中年之後，如果他們積極參與社會與社區的活動，那麼在身心方面就會更健康。目前已經證實，健康和幸福的主要泉源之一是人們感到他們仍然參與生活。我們需要行動和挑戰，我們仍需要在賽場上。

當你完全投入這個世界，你將會變得更有趣而讓人們願與你往來，同時你會吸引其他有趣的人與你做朋友、夥伴，甚至是終身伴侶。當你往外幫助別人時，是不太可能會感到寂寞的，生活會變得充實而豐富。

我是這麼想的：我並未眞正孤獨地生活過，家庭、社會、朋友和同事都是我生活中的一部分。現在，孩子獨立生活和工作負擔減輕給了我寶貴的時間，所以這回該輪到我來幫助別人了。我有時間來做年輕人的良師益友，在他們開始成家立業時扶他們一把；當我的朋友和我所愛的人們需要幫助時，我會盡力而爲；同時我也教授新移民英語；爲我的社區貢獻一己之力——我以愛回饋世界。

在一個你最合意、最想做的領域內做些志工的工作。比方說孩子們需要有人輔導他們的閱讀和數學。無論男人、女人，還是男孩、女孩，他們在遭遇危機的時候，都需要一個富有同情心的聆聽者。許多醫院、學校、社會服務機構，都十分仰賴志工隊伍的協助。你也可以協助一個你有興趣的藝術領域，像是地方藝術博物館、戲院，或是一個音樂組織。或者你可以在收容所、救濟食品發放中心、慈善機構工作，亦或是爲一個尋求引導的人擔任心靈導師；你也可以到紅十字會做義工，他們會培訓你，將你外派到任何有災難的地方，並支付所有交通費和住宿費。

你也可以看看周圍有什麼地方需要你幫忙。某天清晨，在佛蒙特，一家小小的汽車修理服務站的老闆約克，正在咖啡店與朋友聊天。其中一個朋友告訴他，有個年輕母親努力想擺脫領救濟金的生活，社區服務機構已經幫她進行了工作培訓，而且也教了她面談技巧，然後又協助她尋找工作。但是，由於她沒車，而這些地區又沒有大眾交通工具，她根本沒辦法去面談，更不用說工作了。約克將此事記在心上，找些沒人要、開不動的車，將車修好，捐獻給那些需要交通工具才能去工作的人們。約克發現人們需要幫忙，他便盡力而爲。

蘇珊是一名五十四歲的英語教師，她教的那些學生屬於英語是第二語言的新移民。在八至十人的小組裡，她提供一個安全便利的環境，使這些成年男女能練習說並理解他們的新語言。她說：「看得出來我的學生現在英語說得好些了，他們逐漸了解美國，並開始展現一些幽默感。你可以感到他們沉重的語言負擔減輕了，對自己多了一點自信。然後一個接著一個，他們來課堂上告訴我，他們現在可以找到工作了。這是多棒的回報啊！同時，我也藉此學到不少其他國家的風土人情和文化，學到如何教得更好，以及如何讓自己成為一個好的聆聽者。規劃一些有意思的課是智力上的挑戰，有時當我感到一些課程進行得不夠好時，我會立即分析，總結出錯的地方，並想辦法改進。我覺得自己不那麼自私了！」

約翰是一個五十七歲的建築師，十三年前便開始在療養院當義工。他說：「我總覺得我從病人身上得到的比我給予他們的多，我喜歡他們就像喜歡我所來往的其他人一樣。但是，當他們死去時，我並不悲痛，因為他們生命已到了極限。這個過程幫助我理解死的自然規律是無法抗拒的，死是生命的一部分，也是生活的一部分。而且，人們並不會因為在垂死階段而改變他們的個性。有少數人的個性是很令人不快的，他們在瀕臨死亡時，你反而為他們感到遺憾，因為這些人從來都沒快樂過，或者他們從來沒有得到應從生活中得到的東西。我也曾看過幾個病人，他們接受死亡來臨，安然自得地活到生命的終點。這一切賦予我一種『好人』價值觀，當你死後，將在世上留下你遺贈予世界的禮物。你的家人會緬懷你，而非說『這個老傢伙終於死了！』在這十三年裡，我感到自己與以前大不

14 著眼於今天

當生活的浪潮阻擋你，迎面而來的激流掀翻了你的生命之舟，不要浪費眼淚去思索其他種種更好的可能，而該仰面朝天，順流而飄。

——佚名

你是否曾經回顧過去，希望往事發生時自己能以不同的方式處理？我曾希望我是個在培養孩子上下更多工夫的母親；我和丈夫都想著，如果我們十年前買下微軟的股票，那麼……。

但想想看，我們大多數都是在當時盡了最大努力的好父母。我們之中大多數人，都在愛情、工作、投資等問題上，做了當時盡可能好的決策。重點是，我們不應為我們以往的不足或曾經犯錯感到羞愧，至少當我們看到過去的錯誤時，同樣也代表了現在我們比過去更有智慧。那麼，現在我們該怎麼做才能做得比過去更好？

每個人都會犯錯，後見之明並沒什麼不好。我們無法重新來過，回顧往事的唯一好處，便是在未來不再重蹈覆轍，讓未來更美好。

假設你在五年前買了一百股很熱門的股票，每股付了十五美元。由於一點點下跌，今天每股只值三美元了，這個代價付得相當離譜，錢已丟了，無法彌補。如果你焦躁不安，被這很久以前發生的事所折磨，不過是浪費你的感情和精力。其實五年前的你並沒有錯，著眼於今天，你現在有三百美元的投資——就這樣！做一個取決於今日現實的決定。

同樣的原則也適用在你的人際及家庭關係、工作或任何你已經花費了時間、精力和金錢的地方。如果你十分厭倦一份做了九年的工作，感到毫無前景，那爲什麼不做個改變呢？想一想，如果失業了，你還會選擇現有的這份工作嗎？儘管你已投入九年的時光，但繼續待下去可能是最終的選擇。以一個全新的眼光來看今天的選擇！

你花兩百美元選擇一門你不喜歡的課程，結果什麼都沒學到。你大概會想：「如果我退課了，那不就浪費了這兩百元！」但如果你不這樣做，錢一樣沒了，而且你還賠上了時間。

重點是，著眼於今天。你不能改變過去，但你卻可以改變未來。既然，現在的你學到了教訓，比過去的你更有智慧，那麼你不妨從今天開始，創造你想要的未來。

Chapter 3

致勝的人生態度

每個人的存在都負有一個特殊的使命，

一個不屬於其他人的使命。

15 決定要過得快樂

快樂不是目的，而是過程。

——哲學家詹姆斯（William James）

我婆婆海倫說：「一切都取決於你的心理狀態，這是一切的根本。」她說：「每天早晨醒來，我對自己說：『這是嶄新的一天！』我不知道明天會發生什麼事，我也不會爲昨天發生的事煩惱。如果我有負面的想法，我會忘掉它，用一個比較有建設性的想法取代。我有意識地選擇振作自己。」

許多研究皆透露，快樂和年齡沒有什麼關係。你在七十到八十五歲時所感受到的快樂，跟在三十到四十五歲時所感受到的快樂不相上下，或甚至更多。那些在意外事故中殘障的人們，可以在不久後就恢復和先前同等的快樂，他們像是山脊上那些被狂風吹折扭曲的樹木，經歷了疾病、乾旱和風暴，比起那些在山腳下被保護成長的樹，他們展現出更強壯、更有活力的風采。

我要說明的是，那些習慣享受、舒適，沒有經過什麼災難、痛苦或損失的人們，一般都不怎麼堅強，也無法那麼快恢復精力。不幸和厄運，只要不是滅頂之災，反而可以帶來力量、增強個性。

海倫小時候患過小兒痲痹症，必須仰賴輪椅才能移動，而且她還是一個僅靠有限收入獨自過活的寡婦，這樣的生活會幸福嗎？但對海倫來說，生活是充滿興奮和歡樂的，和她在一起的人都能受到她歡樂的感染！

快樂態度的關鍵：

- 決定要過得快樂。在某種程度上，你的幸福是由你創造的——自你的內心油然而生。
- 幸福不僅使我們能承受生命中的失落、痛苦、悲傷，而且還可以使我們更堅強。最重要的不是發生了什麼事，而是你如何回應這些事。

- 沒有人的一生永遠幸福快樂，當你感到不幸與痛苦時，你應該記住：這一切都是會改變的。
- 真正的快樂包括走出自我，把你的注意力放在外在的世界，而不僅僅是你自己，這意味著一種有活力的生活方式，以及發展自己的興趣。
- 透過一些有意義的活動，來檢驗你已知與尚待被發現的各種才能。只要是任何對你來說是種挑戰的活動，都會有益於你。
- 誠摯關心人們。
- 養成習慣，每天有意識地提醒自己對周遭一切事物心存感激。

大部分的人快樂與否，取決於他們自己的決定。

——林肯

16 豁達寬容的精神

智慧來自理解，而非知識。

——佚名

我的朋友愛沃倫說，生活的目的對她來說一直是發揚豁達精神。這個想法使我略有所思，我問她這是什麼意思。她答道：「對我來說，這就意味著填補我心靈中的空虛，讓我更有教養、更能接受別人，並且更有愛心、有耐心。它意味著去看到別人的長處，而非一直挑剔別人的過錯。」

這意味著當你遇到一個不友善的店員時，不要爲此而氣憤，應該想想她的不友善背後可能有原因，也許是她前一個顧客對她很無禮，也許是她正擔憂著自己生病的孩子。

這也意味著，當有人在高速公路上擋住你的去路，不要認爲人家存心跟你過不去，不妨禮讓他們先行。有一天，我和健身房的老闆亞尼聊天，他是一個三十九歲魁梧的健美愛好者。他告訴我，最近幾年，特別是在和一個很有教養而又可愛的女性結婚後，他成熟了許多。他說：「我最大的改變來自於有一天我開車上高速公路，有輛車超車時車身離我的車太近，我故意加速追上他，對他做了一個十分粗魯的手勢，然後我看到駕駛，他是一位老先生，他愣愣地看著我，臉上充滿了恐懼，眼淚流到他的臉頰上。我嚇了一跳，感覺糟透了。我永遠不會忘記當時的情景。看看我的手臂：每當想到此事，我都會渾身起雞皮疙瘩……。」亞尼一臉嚴肅，我看著他搭在走步機上的手臂，確實滿是雞皮疙瘩。

海倫有個生活原則，那就是：「要能寬容、友善、體諒每個人，因爲我們都是要一起生活的——別無其他。」豁達、寬容的精神意味著了解每個人都盡了他們最大的努力，此外，他們的所作所爲通常都有所原因。

請記住，每個人都是不同的個體。我們之中沒有人擁有完全相同的生活境遇，也就是說沒有任何人會對生活產生完全相同的反應，既然如此，我們又有什麼權力對別人品頭論足呢？

我的朋友羅傑是個拉保險的業務，他談到正在進修的哲學課，有一次的作業是閱讀從柏拉圖、尼采的作品及《聖經》、《薄伽梵歌》挑選出來的文章。他說：「課堂上其他同學都是我入學以來未曾打過交道的人，他們大多在大學裡主修工程。」接著，老師要求他們就「作者想表達的主旨」一題，分享各自的看法。

「一般來說，這八個同學大部分都相當聰明，並受過良好教育，因此難免在討論中會出現三、四種歧見，每個人都那麼活躍、熱烈，有時甚至大吵起來。你可以聽到這樣的話：『是嗎？這很明顯耶，你怎麼可能還有其他看法？』但隨著討論漸漸深入，在教授適時而有智慧地插話補充後，我們大家開始領悟到事情並不一定非黑即白、非對即錯，不同的觀點能夠而且的確是共存的。」

孔子的三個基本教義，首條就是仁，簡而言之就是仁慈。這是不是很有意

17 讓孩子獨立

三名上了年紀的婦女坐在公園的長凳上，其中一人傷心地述說，而她的朋友坐在旁邊嘆息，第三個人看了看她們兩人，說：「我們不是早說好了不談孩子的事嗎？」

——蘭格（Ellen J. Langer），摘自《留心》（Mindfulness）

這裡要告訴你一個訣竅，可以延長你八年的壽命，有足夠時間環遊世界，花完將來要留給孩子的遺產。你唯一要做的就是在你自己充滿活力的生活，與已長大成人的孩子之間，取得一種平衡。

美國和歐洲的研究同時顯示，父母若能完全專注於自己的活動，獨立生活，而非依賴孩子，就會更健康、更長壽。換句話說，生活重心若是繞著孩子轉，不僅有害健康，同時也會影響孩子的幸福。

比爾和我告訴自己，我們已經養大了我們的孩子，盡了最大的努力，現在輪到我們照顧自己了。我們也了解，認爲孩子沒有我們的勸告或建議就過不好日子的想法，對孩子來講也是一種不尊重。（天哪，要做到不提建議有多難啊！）我愛我婆婆的許多原因之一便是她從來不給我們任何建議，除非我們徵詢她的建議。然而，我婆婆海倫現在也承認這一點，她有趣地眨眨眼說：「但我們眞的要緊緊咬住自己的舌頭，才能保持沉默。」

想要保持與孩子親密、相愛、互相關照的關係，同時又要愼重地保持距離，不過度干擾孩子的生活，這是很難平衡的。最大的挑戰莫過於做一個好的聆聽者，不提太多問題或主動提供建議。

「但是，」我的教授朋友瑞奇，還有畫家凱倫，他們說：「我們跟孩子的關係很密切，幾乎天天都在電話上聊天。我們總覺得不應保持距離。我們的四個孩子都還只是二十幾歲，未婚，又剛開始工作，難道他們不需要我們的支持嗎？」

我們都同意，無論孩子多大，他們都會需要父母的支持——重要的是瑞奇和凱倫熱忱地承受這種挑戰，他們對自己這種方式感到高興和滿意。他們並不是依賴孩子，也不是將自己的生活重心集中在孩子身上。

成年的孩子可能會有很大的壓力，你自己也歷經過生活的種種高低起落，然而你的成長正是來自於這艱難的人生。這些困境並沒有置你於死地，反而使你成長得更好。你不必與你的孩子再一起去經歷一遍種種磨難。他們可能會離婚、失業或經歷中年危機，會爲此痛苦和受傷，你也爲此替他們感到傷心。然而，我們不可能阻止這些不幸發生在孩子身上，如果你認爲這是你的責任，那反而傷害了所有相關的人。愛他們，關心他們，同情他們，但讓他們自己生活。愛他們也意味著讓他們獨立。

你投入了許多年的時間養育孩子。現在，該是你尋求人生新目標和追求屬於你自己的生活的時候了，發現能豐富生活的人與事，追求那些你願意投入時間、精力、自我、智力和熱情的一切。現在，你再次展翅高飛的時候到了。

18 你永遠都能夠吸引人

充滿活力是一種美。

——英國詩人威廉・布雷克（William Blake）

我朋友羅斯・安的兒子今年二十八歲，是一個高爾夫球行家，他的同事有男有女，分散各個年齡層。有一天，安對兒子焦躁不安地表示，她覺得自己老了，她擔心自己即將失去美麗的容貌。兒子說：「媽，對我來說，無論什麼年齡的女人都好看，只要她個性溫和，頭髮修整得體，看上去充滿活力。」

對我來說，這個標準也適用於男人。重點是，你永遠都能吸引人。上了年紀之後，很容易體重增加，但這倒也不是壞事。如果你太瘦了，你的臉會有更多皺紋。要掌握的技巧是如何能讓自己的體重增加到一個恰到好處的重量，使你的臉和全身看起來最好看。

簡而言之，目標在於一個好的體魄，而抬頭挺胸的姿態將使你看來精力旺盛、生氣勃勃，再也沒有什麼會比你的身心充滿活力更吸引人的了，而這活力來自於你對身心的各種鍛鍊。

美容手術？如果某些缺陷確實讓你感到不舒服，在經濟許可的情況下，試試又何妨？至於染髮？如果能讓你看起來年輕或感覺好些，爲什麼不做？這是人們虛榮心中健康的一面。（憂鬱症其中一個症狀就是人們不再在意自己的外表！）我們自身的形象也是我們個人的一部分。若你有在各領域內發揮最大潛力的欲望，那麼便足以顯現你是個健康、有活力的成年人。

但你的外觀終將得益於你的內心世界，如果你做些有趣的事，鍛鍊身體，飲食健康，珍惜各種人際關係，思想積極，對自我的感覺良好，那麼你便會容光煥發。

試試下列這些方法：

• 寫下你認識或觀察過哪些成年朋友，他們的外在形象很有魅力。
• 寫下那些外在形象毫無魅力的人。（你可以排除那些因嚴重疾病和災難而處於不幸中的人。）

接著思考下列問題，如果答案是肯定的，就在名字後面打勾：

1. 他們有定期運動嗎？
2. 他們是否注意並控制自己的體重？
3. 他們飲食健康均衡嗎？
4. 他們是否樂觀？
5. 他們真正關心他人嗎？
6. 他們做什麼回報社會的事嗎？
7. 他們珍惜並努力經營人際關係嗎？

8. 他們是否透過興趣與活動，保持足夠的腦力活動，並刺激大腦？
9. 他們個性溫和嗎？

現在，對照這兩組人馬，看看哪組打勾最多，找到答案了嗎？除了這九點，你還可以想到其他不同之處嗎？

隨著年齡增長，外貌不再是決定是否吸引人的主要因素，取而代之的是我們的精神內涵，以及我們的人生態度。

美源於對美的追求。

——佚名

19

你能夠選擇你自己對人、對事的反應

主啊，賜我以平靜，去接受我不可能改變的事情；賜我以勇氣，去改變我能改變的一切；賜我以智慧，去分辨兩者的差異。

——《平靜禱文》（*The Serenity Prayer*）

你是否曾經在面對危機時，情緒激烈起伏，而無法適當反應，事後又後悔不已？我們之中大部分人都經歷過這種感覺。但是，其實我們可以學到更有效的反應，即使在最壞的情況下，我們也能選擇對人和對事做出恰當的反應。

我們的鄰居蘇和魯斯在經過多年的儲蓄和計劃，終於建好他們夢想中的房子，高興地搬進去住。過了幾個月，某個星期六清晨，他們到山裡散步，當他們回家時，聽到一陣很像瀑布聲的轟隆低鳴，他們大吃一驚，破門而入，涉過沒過腳踝的水，才發現大水從天花板上傾盆而下，家具、地毯、照片一塌糊塗，原來樓上熱水器的水正從一個破裂的水管噴出。

蘇看了看魯斯，深深吸了一口氣說：「好，親愛的，我們有一個選擇。我們都沒有傷著，我們還有保險。我們可以選擇讓這不幸的事壓垮，或者做我們該做的事，把這事看成一個挑戰。」他們決定把這件事當成考驗，於是將屋子交給一批相當不錯的維修工人，在房子重新整修期間天天在外用餐。

朋友和鄰居們都不能相信他們竟可以如此平靜地看待這場天災。不過你仔細想一下，蘇和魯斯知道他們可以選擇他們對災難的反應，而哪種選擇對你更有意義呢？你可以讓困境擊倒你，加重你的災難，你也可以決定去做必須做的事，且立刻去做，讓生活繼續下去。

試試這個辦法：

• 想像一下你在面臨最糟糕的情況下，可能會有什麼反應？不同的選擇可能會更有幫助嗎？

• 下次面臨困難或危急局面時，告訴你自己，你完全可以選擇不同的反應。當你感到心浮氣躁無法抑制時，告訴自己，冷靜地轉換一下角度，你此時需要問自己：「處理此事什麼是最有效和最積極的方式？」

只要是人，就難免會出錯，當你事後回想起來，便會發現其實如果換一個方式處理也許會好些。但是當你眞正留意到你的力量有多大時，你將會從每一個經歷中學到許多。不久，你將會發現自己自然而然地就能決定以冷靜的態度回應，因爲你已經訓練自己自動選擇理性、平靜的處事方式。然後，幾乎是奇蹟般，你將發現你眼前的困難已得到控制。

關鍵在於，謹記你一個人便足以控制自己要以何種態度反應。你可以讓困境擊垮你，也可以將這些困境當作邁向成長的階梯，一切都取決於你。

做自己的主人是最大的勝利！

20 超越求同

我們不可能透過模仿別人來實踐自己的命運。

——佚名

絕大多數人在青春期都渴望被認同，給予別人好印象。我們必須穿對衣服，做對事，才能讓其他孩子認爲我們非常酷，至少不會太遜。

甚至在步入中年後，你是否依然會爲是否合乎潮流感到壓力呢？有時，你是否感到彷彿朋友、家庭、工作場所、教堂或社會都給你一種無形的壓力，讓你以他們的方式思考、穿著或行動，讓你感到做自己反而會有些不自在？

然而，人生若要更臻成熟，就必須超越求同，成爲充分發揮自我潛力的成年人。我們無法透過模仿別人來實踐自己的命運。只有當滿足我們自己訂立的標準，變得比名譽、外觀、地位或取悅別人更重要時，我們才算眞正成熟。成熟意味著你的思想不再建立於「權威」的說法之上，而是仔細研究多種不同的觀點後，形成你自己的見解。這意味著去掉我們的面具、僞裝、虛幻的驕傲。這意味著做一個眞實、獨一無二、純粹的自己。

我丈夫比爾曾經歷過這麼一段時期。當時他所有朋友、同事都醉心於高爾夫球，他也試了試，但卻激不起任何熱情，不久他發現自己很怕每個禮拜的高爾夫球活動，他希望利用這段時間去做他確實想做而又愛做的事，像是爬山或讀點書。最後，他領悟應該忠於自己，他打高爾夫球只不過在力求合群，取悅別人，於是他不再去了。

丹麥哲學家祁克果（Kierkegaard）曾寫道：「最常見的絕望是不選擇或不願意成爲自己，最深的一種絕望是去選擇做另外的人，而不是成爲自己。」

花點時間想一想：你的指紋、你的基因、你的個性和天賦、能力、興趣都是你自己的，在這個地球上，沒有另外一個人與你一模一樣。你是獨一無二的，是如此獨特的存在，而這便是你該珍惜並保護的財富。你來到世上的使命，便是成就眞實的自我。變成完全的你，不要跟隨他人的腳步，運用你身心靈的智慧去找到你的路。

我們大多數人在成長過程中，都經歷過順應潮流、力求合群。就某方面來講，當然這是必要的，一個協調的社會需要它的公民們遵守一定的法律，並有某種程度的禮貌與體諒。在生活絕大多數領域裡，比方說工作、家庭、社區，我們都需要遵守某些法則以求社會穩定運作，但千萬不要爲了求同，而犧牲了自己的優點。

- 做你自己，這樣才能發揮你的魅力。
- 表現你個人的特色。
- 脫去你需要合群一致的外衣，讓真實的你散發光芒。

希西莉・胡維慈針對七十至八十歲的婦女研究發現，她們之中十個有九個表示現在比一生中任何時候都快樂。希西莉同時發現，這些很有活力的老年婦女們，每個都是她們自己生命之歌的演奏者，她們並不遵從社會上對老年婦女應該如何如何如何的刻板印象。這倒值得我們深思！

還有一件事請你想一想：如果你選擇遵從，你會模仿誰呢？如果美國絕大多數的中年人都患有高血壓，你是否也該罹患高血壓？換言之，如果我們決定遵從，難道不該好好留意我們遵從誰，及遵從什麼事？

我們都會有與其他人意見相左的時候，別人也不一定會贊同你的意見，沒有人會得到其他人百分之百的贊同。最主要的是你要獲得你自己的贊同，做你自己，喜歡你本來的面貌——一個獨具色彩、獨一無二的你。而此時不做，更待何時？

> 我們每個人的存在都負有一個特殊的使命，
> 一個不屬於其他人的使命。
>
> ——克斯廷．戴恩賽（R. Kirsten-Daiensai）

21 順水行舟

如果老天要下雨，那就下吧！

——佚名

幾年前，我們帶九歲的兒子馬克到山裡玩。在一個急流的岩石邊，我們停下來野餐。之後，馬克在附近玩耍，我和比爾在一旁休息。突然，我們看見孩子滑下岩石，仰面朝天跌落水中，我們嚇壞了，覺得他一定會撞上一塊大石頭，立刻想跳下去救他。當我們衝到岸邊，我們看見他是那麼高興，毫無害怕的樣子，彷彿一片葉子浮在水面，順流而漂，輕輕地滑過每一塊石頭，從來不曾撞上它們。一會兒，他爬上岸，高興地唱著歌，又爬上小坡，繼續他的冒險。

對我來說，這個經驗使我頓悟了一個生活哲理，每當我開始爲某些事小題大作、怒急攻心時，我都會立刻想像這個情景，沉著、溫柔的水流環繞過石頭，也輕輕地繞過我的難題。

舉例來說，你可能有一些同事或親戚，好爭論、好譴責、愛發脾氣、對一切都不滿。這種人是很難相處的，無論是寬容或與他們理論都毫無幫助，你改變不了他們。你唯一能做的是，讓他們我行我素，你只要像流水滑過石頭一樣繞過他們，不與他們發生衝突。如果無法躲開他們，至少在精神上、感情上盡可能不受這種人的干擾。（相關內容請參閱第24節。）

順著水流，讓消極的感情隨水流去。憤怒、害怕、慚愧、嫉妒，任何一種由陰暗面產生的想法和情緒，都會侵蝕你的力量和快樂。有時，當我感到自己的思維陷入消極，便練習這樣糾正我自己：「我需要處理這件事。」但是，如果我「處理」太久，我就要提醒自己繞過這些消極情緒，回到積極、建設性的思維模式。

泰瑞莎是一個心理治療醫生，而班則是一個心臟病專家，他們倆的家簡直是一個戰場，特別是到了選舉時期。他們倆個性都很強，很決斷。泰瑞莎支持民主黨，而班則是共和黨的追隨者。他們爲每個候選人和每個議題爭吵。有天早晨，在一場特別激烈的大吵之後，班氣呼呼地去工作，泰瑞莎則淋浴，她氣憤地狠狠抓自己的頭髮，但突然，她停下來對自己說：「我不想讓班告訴我應如何思考，那麼我又有什麼權力去告訴他應該如何思考呢？」對泰瑞莎來說，這是一個頓悟和意想不到的新啓示。

過了一會兒，她打電話給班，並且爲他們倆預定了當天的晚餐——在燭光之下，享受美味的義大利餐。她分享她的領悟，他們熱烈地談論，取得了許多共識。現在他們雙方都相信，他們自己和他們的婚姻都發展到了一個新的水平。而且，這件事的收穫還擴展到他們生活中人際關係的每一面。

固執地認定自己的想法絕對正確，拒絕承認其他人想法的合理性，基本上一定會產生摩擦。在生活中，沒有什麼絕對眞理，我們只能靈活、冷靜地思考，讓自己採用一種新的思維方式——從中我們可以學到新的東西，並發展自己。（記住，只有我們不再學習的時候，我們才眞正變老！）

正如經濟學之父凱恩斯（John Maynard Keynes）所說：「要有所改變，眞正困難之處不在於發展一個新概念，而在於如何脫離舊有的框框。」你可曾記得，有時你試圖去做某些事，不論你多麼努力，就是做不成。舉例來說，莉莎和三個朋友決定一起到墨西哥共度寒假。經過數週困難的協調，她們終於決定了出發日期，接著卻又爲是要到科茲美（Cozumel）還是到馬莎蘭（Mazatlan），是租公寓還是住旅館而爭論不休。莉莎感到自己彷彿是在逆流游泳，因此乾脆退出，邀請一個老朋友一起去夏威夷，度過了愉快的假日時光。

有時，當一種局面使你不舒服，你可能需要重新確定一下你的目標，或者退後一步，停頓一下，或尋找一個更順其自然的方向前進。要傾聽你的直覺，不要力圖去推動激流。如果耗費你的精力去爲一個明顯無結果的事爭鬥，那麼你一定出了什麼錯。

試試這麼做：

- 閉上你的眼睛，想想你生活中的難題，有些看起來好像是無法解決的。深深吸一口氣，想像這些難題輕輕地、從容地流走，然後花幾分鐘時間享受那個片刻的寧靜、舒適。
- 在你生活的其他領域，你從放鬆和從容的順流心境中獲益了嗎？將所有飄過你腦海中的有用想法記錄下來。

Chapter 4

成人發展的習慣

一個微笑能在你周遭創造奇蹟

——包括內在和外在。

22

留心習慣的力量

我們是不斷重複自我的人類。
因此，卓越並非一個行動，而是習慣。

——佚名

十二歲的艾瑞克看著他母親爲晚餐準備火腿，她很小心地切掉一邊然後放進烤爐。他問：「爲什麼妳要將那一邊切掉？」「因爲你祖母就是這樣做的。」他母親很自然地回答。後來，艾瑞克又向祖母問同樣的問題，祖母告訴他說因爲她母親也用這種方法。於是他又去問他的曾祖母，她解釋說：「是啊，我的艾瑞克，我總是切掉火腿的一邊，因爲那時候我沒有一個夠大的烤盤。」

這是一個很好的例子，它告訴我們什麼叫留心，什麼叫不留心。留心意味著注意你所做的事，並且明白為什麼你要這樣做。這也意味著有意識地退後一步，客觀地觀察自己，想一想：「這是最好的方式嗎？」或者「還有其他應該考慮的選擇？」

哈佛心理學家蘭格（Ellen Langer）在他的書《留心》（*Mindfulness*）中告訴大家，一個不留心的行為怎樣導致了一九八五年佛羅里達航空公司的飛機失事。在華盛頓哥倫比亞特區，一個冰天雪地的冬天，一架飛往佛羅里達的航班，飛行員和副飛行員都是習慣在溫暖天氣飛行的人。在起飛前的最後程式檢查中，出於習慣，他們將抗凍設備關閉。而這次他們是在冰天雪地之下飛行，結果飛機失事，七十四人不幸罹難。

留心意味著全神貫注地做事。意味著保持頭腦高度清醒：你說什麼，做什麼，什麼需要完成和怎樣達到目的（當然，有些事我們總是順其自然地做，像試鞋和其他日常小事）。你發現你自己毫不留心地與某人爭吵，只是因為這個人在找碴。當你清醒過來，你才明白是你自己不動腦筋地陷入這種不愉快和毫無意思的麻煩中。這就像煮青蛙的故事。一隻青蛙掉進冷水，當這冷水漸漸加熱到沸騰時，牠在漸漸升高的溫度中被煮死。如果這青蛙一下掉進開水，牠或許會立即跳出，倖免於難。你是否也曾因爲不留心周遭的變化，而讓自己深入險境？

留心會讓你以不同的方式處理事情，留心將幫助你生活得更有效率、更有價值。

試試這些事。現在就開始，在你日常生活中，不時地問你自己：

◇為什麼我這樣做？
◇這是最好的做法嗎？
◇還有不同的做法嗎？
◇我這樣做僅是出於習慣嗎？
◇我有留心嗎？

23 留意內心的不和諧感覺

當我們對自己撒謊時，總是說得最響亮。

——艾瑞克．霍華（Eric Hoffer）

在市區一棟公共辦公大樓裡，四十四歲的羅納德在等電梯，他注意到同時也在等電梯的兩個年輕人，這兩個年輕人令他感到極不舒服，但他並不明白爲什麼。後來電梯來了，他退後讓那兩個年輕人走進電梯，而自己卻很快躲開等下一次電梯。之後，他聽說有名旅客被搶劫，而犯案的正是這兩個年輕人之一。

羅納德有可能是因爲留意到內心的不和諧感覺，而救了自己一命。當他分析爲什麼當時內心感到不安時，他記得他注意到這兩個年輕人穿著很長且寬鬆的雨衣，一個人惶恐不安地將手放在口袋裡，兩個人看上去都很緊張。我們的直覺總是能很快察覺某些跡象，而我們的意識卻需要長一點的時間才能對事物進行反應，甚至有時還會錯失察覺。

注意你內心中那種模糊不清的不舒服感覺，它們往往是在告訴你，你生活中某些事出了錯。人們非常容易拒絕或忽略問題的信號。我們大家都很容易在某些事上欺騙自己，而我們自己是最容易被自己欺騙的。然而，拒絕傾聽內心感覺，往往會導致更大問題。

多年來，約翰熱愛電器工程師的工作。他覺得這份工作富有挑戰性，令他興奮，而且也很有成就感。但在他四十歲左右時，他的態度有所轉變，開始對工作感到厭倦，覺得十分乏味。他爲一點小事而埋怨，沒有熱情，而且反常地經常生病，他的事業似乎對他再也沒有任何吸引力。最後，他明白了原來他是不喜歡這家公司的管理方式，一切情緒都源自於此。所以他換到別家公司，但他的心理狀況並沒有得到改善。一年來，不滿和充滿壓力的種種不適日益增加，約翰決定拿出兩週的時間冷靜分析，並想清楚自己所面臨的狀況。他讀了一些生涯規劃的相關書籍，請教生涯規劃顧問，他終於了解其實問題並不在於他的公司，而是作爲一個工程師這工作本身，不再令他感到富於刺激、興奮和具有挑戰性了！在他二十四歲時選擇這個職業是正確的，但到四十歲卻不再適合他。他已經成長改變了，現在的他眞正嚮往的是獨立工作，設計一種環境，在那兒他能實踐他所有的創造力。於是，他遞上辭呈，找到一個可以運用他獨一無二的技術的領域，開始組織自己的公司，從此工作愉快。

在你生活中的每一個領域，任何內心不舒服的感覺都是在警告你，退後一步，好好客觀地看看以下問題：

◇人際或家庭關係是否不協調？

◇工作時，你是否失去熱忱，考績不佳，或感到度日如年？

◇你感到無論體力或感情、精神上都不充沛？

◇你感到生活枯燥無味，停滯不前，沒有任何挑戰性？

◇你覺得不舒服，因為你幾乎沒有注意你的財務狀況？

停下來，看一看，仔細想一想你生活中各方面的現況。你內心那種七上八下的不和諧到底是怎麼回事？你感到的內心衝突、緊張、害怕、矛盾或僅是一種不舒服感覺，實際上是一種隨機拯救自己的功能，就好像羅納德在等電梯時那種不明所以的不舒服感覺。不要忽略這種感覺，退後一步，想想原因，然後找到答案。

24 學會解脫的藝術

我們的生活取決於我們想怎麼過。

——哲學家皇帝馬可・奧理略（Marcus Aurelius）

沒有人可以傷害你，除非你允許他們這樣做。

——羅斯福夫人（Eleanor Roosevelt）

你可曾遇到下列情形，某人或某事快讓你抓狂？控制不了你的想法和情緒？感到自己體內有股憤怒的情緒在竄動？我們大家都不時會有這種感覺，那我們怎麼辦？

首先，盡最大努力去改善這種狀態。如果都不奏效，不妨這麼想：

1. 你不可能控制別人的行為，過去不能，將來也不能。

2. 你唯一能控制的是你自己的反應。

羅傑是一家大保險公司的經理，他告訴我他的故事：「我剛開始在這家公司工作的前幾年，與一個比我地位高沒多少的同事不合，他如果有意，甚至可以阻撓我的晉升。那時我們一直不斷地起激烈的衝突。在每次爭吵中，我都十分肯定自己是對的，但是我內心的直覺上，我知道自己是在進行一場不可能勝利的戰鬥。某天，我走出了這種灰暗的情緒，我決定絕不再和他明爭暗鬥，除非眞的事關重大。你猜結果如何！從那天起，再也沒發生過值得起衝突的重大事件。」

要解放你自己，讓自己從那種揪人心弦、狂躁不安的情形放鬆下來，試試以下這些很有用的技巧：

- 給你自己兩種不同連鎖反應的畫面：第一個只看到你的問題——那些困擾著你的人或事。第二個畫面是你自己。

- 當這些難題纏繞不清，你將自己逼進一種混亂不堪的反應之中，此時，是這些難題控制了你，擺布著你。
- 現在，在精神和感情上有意識地讓自己跳脫出來——解脫——將自己從問題中分離。
- 從一個安全的距離，仔細觀察這些難題。
- 當你從難題中跳脫出來，你就可以脫離這些難題的掌控。

當你被人或事打擾，你實際上是給別人權力來控制你的生活。當你解除這種來自別人的干擾時，你恢復了管理自己生活的權力。

像羅傑，當他決定除非眞正發生什麼大事，他不會做無謂的鬥爭，他讓自己從問題的癥結解脫出來。

你將外在控制轉為自我的把握。換句話說，你認識到實際上你是有力量去控制自己對人對事的反應的。當然，要眞正做到這一點需要時間，努力並有意識地建立這種思維模式，不過你一定能做到。熟能生巧，不久你就會發現，這其實是個人成長中最重要的幾個步驟之一。

藉著學習解脫的藝術，來實踐自己內心的力量。

25 你可以變得更有創造力

那些認為某件事不可能完成的人，
不應該去打斷那些正在做此事的人。

——佚名

創造力的意思並不是意味著能畫畫或作詩，而是一種思維方式，一種生活方式。當你在工作中有一個不尋常的主意；當你烹煮了很美味並富有創意的一餐；當你腦子中翻騰著許多主意，分析著各種可能的願景時，你正在創造。

每個人生來都具有創造力。看看小孩子玩的時候，他們建造房子、商店，想像出看不見的朋友、怪物。他們自己常常編故事、編首歌或做一個新玩具。他們的創造力來自他們的熱情、天真、活力和歡樂。

但是，當我們開始上學，我們天生的創造力逐漸受到壓抑。我們被教導要看事實，要準確，要有邏輯。一般說來，許多原始的主意都被視為「可笑而荒唐的」。孩子們只是一遍遍重複他們所學的東西，以取得好成績，而沒有讓任何想像力開花結果。

我們學會塡充式的思考。這是一種狹隘、限制的思維，意味著只有一種方式去解決一個難題，只有一個正確答案，完全沒有留給創意思考任何空間——去問爲什麼會這樣，如果那樣的話又如何，以及爲什麼不這樣等等問題。換言之，沒有人教導我們一種有效的思維方式。

令人痛心的是，你可能已經從自己的經驗得知，在成人的工作環境中，也常發生壓抑創造力的事情。你可曾看到或經歷過某人針對某事提出嶄新而不尋常的建議，結果卻被忽略了，甚至被看做荒謬透頂？

但是，所有的創造力都不曾失去。不管你有多老，你都能學習更有創意的思考。最有力量的技巧之一是學習「腦力激盪」，在這個過程中訓練你的大腦更靈活、敏捷、更有創造力。進一步來說，研究表明，當我們學會更有創造力，我們就更有活力、更有能力且更健康——無論是在精神上還是體力上。爲什麼？因爲你身心的所有部分是互相關聯的——當你改變其中一個方面，像學會創造性思維，你整個人都會跟著改變。

「腦力激盪」教我們的大腦去反駁「只有一個正確解答」的假設，這種假設通常都是錯的。考慮多種可能，然後再做決定，給自己機會去選擇最好的，這難道不是更有意義嗎？舉例來說，當你決定買輛新車時，你不會走進店裡就直截了當地指著一輛車，對汽車銷售商說，我就要這輛。你肯定會去調查不同車輛，看過多種車型，比較後再做決定。

最近，我和比爾決定休個小假。我們並沒有隨便說「咱們去海濱」，然後就眞的去了。我們坐下來，用紙筆寫下我們想得到的所有點子，有些很可笑，有些很合理。然後我們全部審查一遍，像拼圖遊戲一樣擺來擺去，把其中兩三個結合，改變並修補其中部分。我們整個假期都過得十分愉快，其實我們只是在家度假，我們假裝住在旅館中，每天外出用餐，發現許多我們以前沒看過的觀光地、博物館和商店，我們不疊被子，假裝會有服務員來幫我們打理一切。

「腦力激盪」能確保你得到許多絕妙的主意。幾乎所有第一流的大公司都鼓勵經常進行「腦力激盪」會議，這些大公司常常會聘請具有創造力的訓練者指導員工這種思維技巧。

幾年前，狄娜參加一個有關「腦力激盪」的研習營，當她看到「腦力激盪」如何協助她思考，而且知道「腦力激盪」可以用在許多地方時，她感到相當震撼。她結束這個培訓後的第一件事，就是把這種思維介紹給她丈夫羅和他們的兒子。他們全家開始一起運用「腦力激盪」來做家庭中的重大決定，比方說如何重新規劃他們越來越擁擠的房子。他們每個人都有許多不同的主意，翻修、搬到更大的房子、保持原狀把錢花在更有用的東西上，或是把很少使用的餐廳變成一個大家都能用的娛樂室。

「腦力激盪」還運用在到哪兒度假及晚餐吃什麼等事上，狄娜和羅發現這種方式有益於他們的家庭生活及工作。他們的兩個男孩，分別是十一歲和十四歲，在各方面變得更有創造力，狄娜自然想到這恐怕是歸功於這種靈活的思維方式，「腦力激盪」訓練了他們。

創造力的一個絕對必要因素是對新觀念敞開的心胸。許多新的事物：一開始聽起來總是很荒唐，或令人感到某種威脅（相關內容請參閱第4節）。例如，數世紀以前，歐洲人相信所有天空的星體都是圍繞著地球運轉的。然而，當哥白尼指出地心說是錯誤的，並提出地球其實是繞太陽轉的日心說，人們和教會都極端憤怒，猛烈抨擊他。哥白尼遭到羞辱、嘲笑、懲罰。

重點是，除非我們能夠開闊自己的眼界，對新的、聽起來奇怪的意見冷靜看待，否則我們是不會進步的——無論是個人還是科學上。沒有幾個本世紀初的科學「眞理」至今依然被視爲絕對眞理；但是幾乎無一例外的是，任何科學家，只要提出一個新的（現在才被接受的）思維概念，當時都曾是被嘲笑過的。

學習「腦力激盪」幫助我們超越自己對全新而不熟悉的觀念所設下的障礙。

此方法教我們自由自在、毫無拘束的思考，亦即思考時，腦中是沒有剎車的。如何進行「腦力激盪」，其實很簡單，很有趣，也很有效。你可以自己做，或與一組人一起做。

1. 說明你心裡想的問題，這個問題可以是任何目前你生活中想做的決定。例如：「我如何解決這樣一個難題……？」
2. 寫出盡可能多的想法，而且盡量想得快一點，也以最快的速度寫下來，包括你腦中一瞬間掠過，那看起來荒誕的一些想法——記住，大多數新主意一開始聽起來都相當荒唐可笑。寫下每一個閃進你腦子裡的想法。
3. 不要對任何想法持批評或評論的態度。批評只會抑制想像力，而破壞創造性思維。此步驟的目的在於終止你內心的批判，或像這樣的嘲弄：「這根本不行！」或「這有多愚蠢可笑啊！」或「別人都做過了。」重點是晚點再評論，先盡可能挖掘出你所有的主意。
4. 發掘盡可能多的主意和想法。

5. 當你挖空心思，再也想不出任何東西時，休息一下，先將所有想法瀏覽一遍。用一些時間翻來覆去地看，合併或擷取部分想法重新組合、修修補補。即使是可笑的主意，也可能會衍生出好主意。用一種娛樂的態度來進行這個過程，可以一邊修補一邊笑自己。許多時候，幽默會激發你的創造力。

6. 選擇最好的主意去做你的決定。

「腦力激盪」對我和比爾是那麼管用，它儼然已成爲我們的習慣。我們將它用於工作和生活上，與同事、朋友和家人的相處上。請盡快親自試試看「腦力激盪」，你會發現它：

★幫助你生活、思考和工作都更有效率。

★幫助你做更好、更明智的決定。

★本身就是一個有趣的遊戲。

26
微笑的力量

重要的不是發生在我們周圍的事，而是我們對這些事的態度。

——哲學家皇帝馬可·奧理略（Marcus Aurelius）

你是否曾注意到，當你高興的時候，你身邊的人似乎也都很愉快，而當你情緒低落時，其他人彷彿也都相當沮喪？這可能是因爲你的表情不僅會影響你的感覺，而且也會影響周遭人們的感覺。情緒是富有感染力的。

我們大家都知道情緒會影響臉部表情，但你知道你的表情也會影響你的情緒嗎？笑容激發身體釋放與愉快相關的化學元素，而皺眉激發釋放的化學元素則是與不愉快相關的。即使你並不想笑，笑容也會使你感覺好過些。

讀過這個研究後，我決定以我的表情做實驗。我發現一個輕輕的微笑也會影響我的感覺，而且影響的程度比我所想像的多。但更讓我驚訝的是，我發現當我有意識地做出一個高興的、有點微笑的表情時，我周圍的人們——甚至是陌生人——看起來更溫暖、友善和有趣得多。

我特別驚訝於我的一個經驗，那天我到百貨公司去解決我所訂購的三個結婚禮物的混亂狀況。在我訂貨的時候，我請店員直接分別寄出。幾天後，我發現店員將這三樣禮物寄錯新婚夫婦了。我無法在電話上解決這個問題，只得親自去一趟百貨公司。因爲我感到沮喪和生氣，所以我想這是一個試驗我所學的微笑理論的好時機。當我以令人愉快的臉部表情告訴店員這件事時，我聽到自己的聲音聽起來令人驚訝的溫和。儘管店員把我推給另一個店員，我仍然讓自己看起來愉快。事情並無進展，我（禮貌地）要求和經理交涉。他待我如上賓，全部的混亂都解決了，我買的所有物品都打了折——加上他的道歉。讓我驚奇的是，也許是最重要的，我並沒有讓任何人，包括我自己，處於壓力之下，我氣憤的心情似乎隨著我臉上的愉快表情而消散了。

每一次，我的笑容都帶來正面的效應。這使我的生活有了重大改變，而且我認爲這對你也有用。

你注意過人們照鏡子嗎？當他們對自己微笑，看起來是如此吸引人，如此令人愉悅。然而，當他們轉過臉看其他地方，就變回原來的表情。這其中有值得思考的地方，不是嗎？

你可以穿世上最討人喜歡的衣服，但你臉上的表情對別人如何看待你影響最深。高興的表情很吸引人，而皺著眉頭則會把人嚇走。你在深思或者集中注意力傾聽時，可能會無意識地皺眉，別人可能就會誤解你的感覺，並做負面的反應。研究告訴我們，我們的臉部表情確實能引起周遭人生的改變，像是皮膚的反應和心跳的速度等等。換言之，人們對我們臉部表情的生理反應和情緒反應是一樣的。

既然當我們微笑和看起來高興會使我們感覺好些，也會使其他人感覺更好，更喜歡我們，那麼保持微笑的習慣難道不是很有意義嗎？

試試這樣做：

• 學會放鬆你的前額、眼部和嘴部周圍的肌肉，來幫助你產生一個愉快的表情。一個快速的技巧是深深吸一口氣，完全呼出，然後試著微笑。（深呼吸是迅速解除緊張的最好方法之一。）

• 無論是在會議上或是與任何團體在一起——朋友或陌生人——當你面對面地與人們接觸，即使他們深深皺著眉頭，你也還是微笑。你會發現，大部分人的臉會隨著你的微笑而開朗起來，伴著令人驚奇的熱情笑顏。試試看！

一個微笑能在你周遭創造奇蹟——包括內在和外在。

27 溫柔的決斷

扮演卑微的角色，並不能服務世界。退縮並沒有任何喜悅的成分，因此其他人在你周圍不會感到不安全。我們生來就是要證明我們內在的光彩，而且當我們允許自己的光輝閃耀時，我們也會不自覺地允許其他人閃耀著自己的光彩。

——納爾遜・曼德拉（Nelson Mandela）

蘇和羅斯一起經營他們自己的事業。一天，蘇在自己的辦公室裡無意中聽到羅斯和奧文聊天，他是他們的親密朋友和事業夥伴。羅斯說：「我最喜歡蘇的原因之一是，我總是知道她確切的想法和她要什麼。和她在一起讓人感到愉快而有力量——這和與一個不直爽的人相處，形成鮮明的對比。」

羅斯的話點醒我們！對於蘇，她並不了解她的決斷讓她丈夫自由，也讓她自己自由。從此她發現這種坦率的眞誠使她在生活中與每個人營造出和諧的關係。

我認爲決斷在天秤上的某一點上——大約在中間。其中一個端點是被動，像一個小木偶，讓別人操縱你的繩子；而另一端則是專橫、指揮的行爲。這兩個極端都是自我破壞，並且對周圍的人有害。決斷的意思是有禮貌的坦率和眞誠，讓別人知道你的立場，你想要和不想要的事。就像羅斯感受到的那樣，這種方式讓你與你身邊的人感到自由。舉例來說，比爾對他一個老朋友說：「我很擔心你抽煙。」唐回答：「這個話題越界了。我不允許我的孩子或我的朋友在這個問題上數落我。」沒有翻臉，沒有憤怒，沒有爭吵，只是坦誠地說出自己想法。

當你宣稱你有做自己的自由，便是在鼓勵你周圍的人也做同樣的事。這是一個雙贏的態度。

泰德和珍有兩個小孩和各自有一份不錯的工作。受一個熱情朋友的感染，泰德接觸並很快迷上了高爾夫球。他開始每週打三次球，當他回家時，珍已經哄孩子們睡了。珍感到自己成爲丈夫打高爾夫球的犧牲品，她不想告訴丈夫說他不應該打球，但她也不想獨自承擔這麼多家務，自己一個人照顧孩子。最後，一天晚上，當泰德回家後，珍說：「泰德，我並沒有權利要求你不打高爾夫球，但我也需要有自己的時間。爲什麼我們不安排一個時間表，讓我有三個晚上做我感興趣的事，而你也有三個晚上可以打球，我們每週還可以有一個晚上一起度過。」泰德想了一下她的建議，然後決定減少他打球的次數。這事發生在二十三年前，他們直到現在仍幸福地生活在一起。

羅拉至少每月兩次要到很遠的城市去演講或出席會議。她希望能利用飛機上的時間趕上她的工作進度。在她最近一次旅行中，她發現自己被擠在兩個男人之間的座位上，而且這兩個人都霸占了座位之間的扶手。羅拉建議說：「我們何不共同使用這扶手，我需要多一點空間才能工作。」她對坐在靠走道的旅客說：「我們交換一下位置，這樣我就有足夠的空間工作了！」這兩位男士不僅爲她留了空間，而且對她很尊重。他們三個人一起度過了氣氛友善的空中旅程。

我從一個大我十歲的老朋友寶拉那裡，學到很重要的一課，她是我很仰慕的模範。耶誕節時，我請她和她丈夫來參加一個小聚會。她推辭了，說她患了感冒。我很失望，不加思索隨口就說：「唉，寶拉，妳總是在生病！」她回答：「妳知道嗎？妳這話眞的讓我覺得很受傷。」我當時腦子裡的反應是因爲她把我當成老朋友一樣信任，看重我們的友誼，所以才能這麼直率地回答我。

貝西是一個吸引人的作家和一個治療師，經常被邀請參加一些專家和社會團體，或者去社區委員會服務。當她對一個提議不感興趣時，她並不是去說善意的謊話以避免傷害別人感情，而是回答：「對不起，現在那對我沒有用。」這難道不是一句很從容又很眞實的推辭嗎？坦率、眞誠的人讓自己和周遭的人活得更輕鬆。

爲了切磋專業技術，艾麗思和一個小組的同事們開始每月一次的聚會。儘管小組中每個人都很聰明、精力充沛而且有所成就，但艾麗思對聽到小組成員背後互相攻擊十分煩惱。終於在一次聚會中，她建議全組應建立一個準則：如果一個人對某人有負面的看法，那麼他應該私下對當事人講。她溫柔的直率要求使這個小組的狀態大大改變了，從平常的人際關係走向一種信任和富有創造力的關係。

如果整合和有品質的生活對你很重要，就要堅持。當你被迫妥協而降低標準時，應該溫柔地拒絕。如果有些問題人士打擾了你的生活，從容地找到一種方式避開他們。當人們不體諒你，就告訴他們，像寶拉告訴我的一樣。解放你的小木偶——剪斷被別人所牽制的繩子，自由自在地過自己想要的生活。

試試這麼做：

- 放鬆坐下，閉上眼睛，想想在你的生活中有哪些有效的坦率態度，寫下那些特別有用的方式。
- 現在，想一下在生活中，你想在哪些方面變得更決斷、坦率。把它們記下來，同時寫下怎麼做才是最有效率的。

28 把自我放進口袋裡

你說話的聲音太大，我反而聽不清楚你要說什麼。

——佚名

身爲一位被知名大學聘僱的年輕教授，理查在準備第一堂有二百多位學生選修的課時，簡直嚇得要死。深夜，他一次又一次地寫講稿。寫了撕，撕了又寫。「但是忽然間，」他講到，「我意識到自己一直太擔心自己及如何給學生一個好印象，而完全忘了我講課的目的是幫助學生學習，讓他們對這門課程感興趣。我被自我絆倒了，應該要把它收進口袋，我應該忘記自己，走出來，教好這門課。」而他就這麼做了，現在他是這所學校中最受歡迎的教授之一。

我們都有自我，有時候它會擋住我們的路。像威廉·詹姆斯所寫的：「人性中最深的一個準則是，人們都渴望被別人感激和欣賞。」我們都想給別人一個好印象，我們都想讓別人喜歡，我們都想被別人尊重。但往往是當我們放棄自我，忘記要製造好印象時，我們才會在別人心中留下最深刻的印象。無論是對你的朋友、同事或所愛的人們，或當你做任何事，你想做得傑出時，只有在你忘記你自己，把焦點往外而不是往內時，你才能做得更好。

當我們太過意識到我們的遭遇時，我們就會帶上面具，遮掩了眞實自我的鮮明光采和神奇魔力。達爾西是我喜歡的人之一，她六十八歲，有點胖，以她獨有的方式穿著打扮，獲得所有認識她的人的欣賞和喜歡。當她的朋友們試圖分析達爾西的魅力時，大家一致認爲她的吸引力是因爲她十分自然——不僞裝也不掩飾，你看到的是一個純粹、眞實的達爾西。她從來不刻意給別人留下什麼印象，也沒有和任何人爭什麼、比什麼的想法。她就是她自己——一個令人愉快的性格，和她相處讓人感到極大的歡樂。我們大家都希望自己能像達爾西一樣，拋開自我。但我們都知道這並不容易。

歐普拉主持的談話性節目和凱蒂・科理克主持的節目《今天》如此受歡迎，不就是因爲她們自然而坦率地表達出「這就是我」嗎？

我們竭盡一切努力想達到完美，但到底什麼是完美呢？有一個客觀標準嗎？你可曾注意到，當一個很好的公眾發言人極力想找到一個恰當辭彙時，聽眾反而變得更加投入，試著幫他們找出那個詞。你是否也曾注意到當發言人展現他們獨特的個性，聽眾會更喜歡他們一些。「完美」是那麼單調，獨特的個性才有趣。

在我訪談那些實現自我、效率很高的人時，他們每個人都說自己有意識地拋開自我。他們使自己專注於外在的世界，如此才能自由地過著充滿意義和目標的生活。他們更關心的是怎樣充實自己的靈魂，而非充實自我。就像達爾西一樣，他們不與任何人競爭，看起來很能接受並欣賞他們遇到的每個人身上的獨特之處。

當我寫這一節，沉浸在拋開自我這個概念時，我的朋友艾米麗正好打電話給我。我一向珍視她的友誼，但在我們之間，總有那麼一絲競爭的感覺，我認爲是來自於她那一邊。而這一次交談是我們之間前所未有的嶄新而明朗——沒有競爭，也沒有干擾——我突然明白改變的是我有意識地放棄了自我，將注意力專注在好好聆聽、與她溝通。「對了！」我告訴自己：「我需要保持這種態度！」我們都有自我，我們之中有些人還得更努力才能拋開自我的束縛。

試試這麼做：

- 當你和下一個接觸到的人交談時，試著把注意力完全集中在對方和談話本身。拋開自我，忘記你自己，然後注意觀察你們之間互動的品質，看看有什麼不同？
- 過幾天，以相同的方式對待你接觸和交談的每個人——工作中、家中或任何地方。做個純粹、直率的自己，不和任何人競爭，開放、明朗和真誠地溝通。在你的日記中，寫下你的想法。
- 這些實踐的結果會鼓勵你養成拋開自我的習慣嗎？

做你自己，你是獨一無二的。

Chapter 5

健康就是財富

有在運動的人，大腦運作得愈好，

特別是在記憶上和精神上的靈活性，

以及對時間的反應和創造力上。

29

解決問題，腦力激盪

不安的精神是生活的印記。

——卡爾．門寧格（Karl Menninger）

有時，一個難題可以使你困擾到彷彿整個人的生命力都要被它耗盡的地步。你是如此氣憤或難過，以致於不能釐清一切。以前，當我在一個專業辦公室裡工作時，一個叫西莉亞的婦女讓我心神煩亂。她打擾我的顧客，翻動我辦公桌上的文件，甚至擅用我的辦公用具，還說那是她的。

我想辭職，但又捨不得心愛的工作。後來，在我快要受不了的時候，我回到家，坐在桌前，不停地寫，把所有發生的事和我的感覺都寫出來，然後我反覆琢磨這些情形，力圖面面俱到。四十五分鐘後，我發現我寫下：「重要的並不在於西莉亞做什麼，而在於我自己怎麼處理此事，這將定義我是個什麼樣的人。從現在開始五年內，最重要的是我如何處理這件事。」

之後，最讓人驚奇的事發生了，西莉亞做的事再也不會困擾我，她的行爲飄過我眼前，但對我毫無影響，而且更有趣的是，不久後，她停止了那些煩擾的行爲，開始對我尊重起來。這是十五年前的事，我確信我對這個經驗的記憶是完全正面的。西莉亞的行爲並不會定義我是什麼樣的人，只會定義她自己是什麼樣的人。只有我的行爲才能爲我自己下定義。而且，我確信，當我的感覺被她的行爲壓得喘不過氣時，如果我不淡化這個問題，就無法達到這樣的認知。

以下有兩個淡化難題的方式：

1. 坐下來，用一本厚厚的筆記本或打字機，列出關於這件事你所有的沮喪、感覺、擔心和問題——無論什麼——直到你發現自己列舉的速度減慢了。在心中反覆思考這些問題，寫下你可以想到的所有不同觀點——

從你的角度、從其他人的角度、從一個客觀第三者的角度、從一個不相干的人的角度、從五年後的角度或從任何你可以想像得到的角度。只要你繼續寫下去，答案便會出現在你的筆端。

2. 你可以和某個你信任並尊敬他判斷力的人談談這個問題。討論它，就像你用筆列出一樣的做腦力激盪，從各個角度來談，思考各種想法和解決方式。

你會很驚奇的發現，腦力激盪使你的問題有效率地獲得緩解，彷彿這些答案原本就存在於你的潛意識中，你只不過是將它們呈現出來。這個方法不只幫你找到尋覓已久的答案，而且你會發現，整個腦力激盪的過程和處理難題的眞實過程，都使你感到一種深深的滿足。

30 沉思和冥想

生活是我們創造的，從前如此，將來亦是。

——摩西婆婆（Grandma Moses）

因爲我研一時的目標之一是學習我們的心靈和身體如何相互作用，所以我到門寧格基金會（Menninger Foundation），在生物回饋研究的開拓者埃爾默和阿利斯·格林（Elmer and Alyce Green）手下做研究。我學到令人震驚的一課，當我們冥想時，我們可以觀察到科學儀器上所記錄的腦波放慢到一種深層放鬆的狀態，我們肌肉放鬆，心跳速度變慢。

二千五百年前，佛祖教導說，我們的大腦像是一棵滿是吱吱叫的猴子的樹，這樣無止盡的喊叫讓我們沒辦法看到眞正的自己。他說，我們需要沉靜心靈，最好的辦法就是透過冥想。從此之後，數十億的人受益於這個建議。各種想法在我們喧鬧的心靈轉來轉去，而且隨著每日生活中的緊張和壓力積累，那些嘈雜的聲音越來越大。但當你靜坐下來，冥想片刻，你的緊張程度會回到正常的水準，你將感到重新平衡、更平靜，更能集中你的思維。冥想可以幫助你在生活上、愛情上和工作上都更有效率。

規律冥想最令人驚訝的益處之一是你的心靈會更加敏銳，注意力更容易集中。你將會發現問題的答案，並突然想到富有創意的想法。舉例來說，當我掙扎著想要解釋一種複雜的想法時，只要我開始冥想，正確的辭彙會自動出現在我腦海裡。阿爾伯特·愛因斯坦和許多科學家都曾說過，他們最出色的想法都是在最平靜、最放鬆的狀態下產生的。

傾聽內在的聲音，在一處安靜的地方坐下等待，答案就會從你腦海深處湧出。

冥想所能得到的身心和情感上的益處，已由許多已發表的研究成果證實。緊張會影響你每一方面的狀態，釋放這種壓力會讓你更健康。緊張和壓力使你的免疫系統功能減弱；例如，它讓你得感冒的機會比平常增加五倍，而當你感覺愉快而輕鬆時，你當然更能享受生活。所以，採取一些簡單的步驟，讓自己更健康、更愉快，並能完全發揮實力，這不是很有意義嗎？

以下提供基本的冥想步驟：

1. 目的是使你的心平靜下來，停止大腦中各種思緒，而只是集中於一個簡單的辭彙。
2. 舒服地坐在椅子上，雙肩放鬆，雙腳著地，把手放在大腿上，閉上眼睛。或如果你需要讓你的背部休息，就乾脆仰躺，膝蓋稍微彎曲。（但不要睡著。）
3. 深深地吸幾口氣，之後完全呼出。然後，自然的呼吸，當你念出一個辭彙，如愛、平靜、放鬆或冷靜時，在腦海中複誦一遍，選擇一個能讓你感到平靜的辭彙。如果你喜歡的話，可以背誦一段你喜愛的祈禱詞或你喜歡的文章中的幾個詞。

4. 若有一個外來的思緒進入你的腦海中，這是正常的，就讓它通過。你會花一些時間使心靈完全平靜下來。不要為此擔心！

5. 繼續冥想二十分鐘。你將感到身心都放鬆到一種半睡半醒的安靜狀態，在十分忙碌的情況下，哪怕只用幾分鐘的時間冥想，都好過什麼都不做。

6. 當你完成這個冥想過程，給自己一至兩分鐘，然後再起來。

7. 每天練習一次冥想。在一件事接續另一件事的中間時段，做一些小小的冥想。比方說，坐在辦公桌前，或在會議開始前，安靜地閉上眼睛幾分鐘，做幾次深呼吸，冥想幾分鐘。

8. 你練習得愈多，你的腦子就能愈快進入安靜狀態，你的冥想功效也會更好。

怎麼樣？現在你要不要坐下來，閉上眼睛，讓你的心安靜下來？

31 為了你的身體和大腦而運動

你身處於變化之中，你也可能變成你想變成的人。

——佚名

麥克是一個四十三歲的專利律師，他爲一家大型軟體公司工作，工作的壓力讓人幾乎無法承受。他說：「使我保持心智敏銳和平衡的方式是每天清晨到健身俱樂部運動。如果有一天沒去，我整天都會不對勁，不僅沒辦法清楚地思考，難以面對壓力，還會做出糟糕的決定。」

麥克的經歷和許多相關研究的結果相符，規律的運動對我們身體上、精神上和感情上的健康十分有益。

有愈來愈多的證據告訴我們：

★運動是人類基本的需要，而且是讓人年輕的泉源。我們的身體生來就是要用的。

★規律、充沛的運動可以減緩並阻止體力上和精神上的退化。我們抱怨因為伴隨著年歲漸長而來的虛弱和衰退，其實並不是因為年齡，而是因為自己不再活動。

★有在運動的人，大腦運作得愈好，特別是在記憶上和精神上的靈活性，以及對時間的反應和創造力上。近來的研究發現，常運動的人比較不容易得老年痴呆症。

★運動是壓力管理中最有力量的一環——它會減輕你的壓力。

★運動會降低罹患憂鬱症和焦慮症的風險指數。

★運動可以提高一個人的自尊心。無論是體力上還是感情上，你都感到自己更活躍、更有生氣，也更有活力。

★充沛的運動會減輕你的體重，因為當脂肪轉化為肌肉時，會用掉更多能量。

★無論男女，運動可以減少得骨質疏鬆症的危險。

★運動已被視為防止多種疾病的重要方法，包括糖尿病、眼疾、肥胖症、心血管疾病、某些癌症、抑鬱症、骨關節炎等等。換言之，健康的身心可以抵抗疾病。

★運動的人會有更好的性生活。

★運動的人看起來更好看。

這些話聽起來是不是很像江湖術士賣膏藥的台詞？但這是千眞萬確的！想想你擁有這麼多可以改善生活的力量——只要你決定運動！如果你現在還沒有開始運動，你可能得逼自己開始，戰勝自己的惰性。我們愈坐著不動，就愈懶得起來活動。（此外，請千萬要記得事先請教醫生你的健康狀況如何！）

一旦你開始規律的運動，你就會樂在其中，甚至運動會變成你一天中最有趣的部分。當你運動時和運動後，你會感到情緒高昂，因爲你的大腦分泌出「腦內啡」，這是大自然給你的禮物！

如何運動才有效：

1. 以一週三次，每次半小時開始，然後，如果時間允許，增加到每週五至七天，每天四十五分鐘。這樣做的效果將會十分明顯，你和你周圍的人都能看到。

2. 快走是很好的運動，至於其他方式也不錯，如跟著錄影帶做健身操、騎健身用或一般用的自行車、跑步機——總之，任何能使你活動的運動都好。

3. 把重量訓練當作每天運動的一部分，《哈佛健康通訊》報導說：「這是唯一可以實質減緩，甚至回復肌肉群的逐漸衰弱、骨質疏鬆、肌肉力量減弱等過去被認為隨著年齡增加必然發生的老化現象。」我們可以在家參照指示說明，使用啞鈴進行簡單的練習，或者參加健身俱樂部。啞鈴訓練可以幫你確保所有的肌肉都運動到了。我從成年以來一直都有背痛的問題，整形外科醫生告訴我沒辦法用手術治療，但八年前，我參加一個健身俱樂部不久後，背部的疼痛就自然消失了，似乎是因為日漸衰弱的肌肉導致我的脊椎側彎了。

4. 不要讓運動成為每天的例行公事，找出有創意的方式來更有活力地度過每一天，比方說不坐電梯改爬樓梯；與其花費大把時間找靠近商店的車位，不如停在遠一點的地方，步行去你的目的地。總之，請盡情使用你奇妙的身體。

5. 試著把運動和朋友聚會結合起來。例如，不要約朋友一塊吃午飯或工作後一起喝酒，而是約朋友一起散步。你會很驚奇地發現，在新鮮的空氣中一起散步會有多麼愉快的對話！此外，參加健身俱樂部也有某種社交上的好處，由於外出運動逐漸成為一種趨勢，因此，我們在健身俱樂部認識了不少有活力、富有生氣和有趣的朋友。而戴維，一個精力旺盛的總經理，就是在健身俱樂部遇見他現在的妻子。

6. 讓運動成為生活中舉足輕重的一部分，就像每天刷牙、吃飯一樣不可或缺。當我孩子還小的時候，我既要經營生意，又要努力做一個賢妻良母，在那段時間裡，每當我抽出時間外出運動時，我都會覺得我很自私。但我終於明白，如果我想扮演好所有角色的話，就必須有一個健康的身體。我決定把「運動作為生活優先事項」一事當作我的責任，從此我一直保持著，因為只要我忽略了，生活裡的一切就會每下愈況。

今天就開始運動——並從中找到樂趣！享受你所感覺和看到的最佳狀態。

32

沒有什麼東西嚐起來比保持苗條的感覺更好！

如果你總是在做你一直在做的事，
你就會得到你一直以來該得到的。

——佚名

控制感是一種可以學習的內在特質，一如其反面——無助感。

——神經病學家理查．雷斯塔（Richard Restak）

在變苗條和保持身材這件事上，我以海倫作爲榜樣。她成年以後就一直超重，而且她發現自己的體重一年比一年多增加幾磅。終於，在某個溫暖的春天早晨，她發現自己穿不下最愛的洋裝。她想：「我不要讓這樣的事發生！」當下，她決定採取行動。同樣的，你恐怕也曾經閃過這樣的領悟，在那一瞬間，將你帶入一條全新的路。海倫的「領悟」是：「我這麼胖是因爲我吃太多了，我唯一該做的事就是少吃點。」她決定依然吃自己喜愛的食物，但每樣都減少三分之一的份量。她發現她沒有漏掉額外的食物（的確，幾乎不曾發生這種事）。儘管她感到有點飢餓，但她的體重逐漸減到健康的標準，且一直保持良好。她覺得好多了，不僅看起來更漂亮、更快樂——而且她的衣服穿在她身上看起來眞是美極了。

我們的體重嚴重影響我們對自己的觀感、自我意識、競爭力及自我認同。而好消息是，我們能夠控制自己的體重。確實，對某些人來說，這個問題不僅僅是一種挑戰：我們的基因會使控制體重更爲困難，自孩提時代就形成的飲食習慣會阻礙我們，自我控制的能力對某些人是不容易的。不要猶豫，立即去請教有關專家或團體，如「體重觀察者」或「過胖匿名會」等類似組織，一定要採取對你最有益的行動。

在控制體重的抗戰中，沒有人是孤軍奮戰的。這是整個國家面臨的問題——

美國每三個人中就有一個過重，而且數據顯示美國人一年比一年胖。而這種體重增加的趨勢，並非源於基因，（我們的基因並未改變）唯一的原因就是我們吃太多了！

肥胖是吸煙以外第二個可以預防的死亡原因。「可以預防」一詞意味著除非我們吃的卡路里比消耗的多，我們就不至於變胖。這一切都可歸結到意志力，就像溫斯頓．邱吉爾（Winston Churchill）所說：「所有偉大的事業均取決於意志力。誰有意志力，誰就會成功。」

雖然，我們都知道改變飲食習慣並不容易，但你絕對能做到，並且你會永遠因此而心存感激。值得欣慰的是，你能夠訓練你的意志力，就像鍛鍊你的肌肉一樣——你愈常運用你的意志力，你就愈懂得如何運用它，最終就會變成一種習慣。「每一次我們鍛鍊自己的意志力，」遺傳學家迪安．哈默（Dean Hamer）寫道，「就是我們重新啟動大腦的機會——如此將使下一次啟動更容易。」

由於隨著時間推移，超重的人明顯有更多健康問題，因此改變飲食習慣不僅可以讓你更享受生活的愉悅，而且也會延長你享受生活的時間。不過，我的意思並非要你嘗試一些過於完美而不實際的減肥方法，它們只會折磨你而已。當然，你不可能回到二十一歲的樣子，但你可以保持你這個年齡的最佳狀態。

然而，你們之中有些人完全不需要爲減重而掙扎。達爾西，我那受眾人喜愛的朋友，她雖然超重，但從來沒節食過，她熱愛烹飪和美食，並選擇保持她本來的樣子——因此這對她來說是個正確的抉擇。而且，這對你來說也有可能是正確的選擇。你很清楚自己何時超重了，別人如何看待你，你感覺如何，身體運作得如何，而當你必須開始改變的時刻，你的鏡子會告訴你。

大自然總是給予我們指示，一次又一次地重複，直到有天我們突然領悟為止。

——羅伯特・佛羅斯特（Robert Frost）

這裡有十二項可讓你終生控制體重的有效步驟：

1. 控制自己體重最重要的因素是知識。我們大家都曾聽過一些胖子抱怨說，某個苗條的朋友吃得比他們還要多，可就是不會胖。吃什麼和吃多少一樣重要。卡路里是可以計算的，以脂肪來說，每克有九大卡熱量，是蛋白質或碳水化合物的兩倍以上，後兩者每克都只有四大卡熱量。而且，卡路里的累積是非常快的，舉例來說，只要每天多吃一個奶油小餡餅（一百卡路里），每年就會增重十磅。

2. 速成或流行的減肥法是沒有效的。確實，你的體重可能會減輕——但只是短暫的，只要不澈底改變飲食習慣，你一旦停止這些減肥法，就又很快增重了。控制體重唯一的辦法就是學習，並持之以恆地實踐良好的飲食習慣。

3. 找出多餘的卡路里來自何處（特別是那些看不見的脂肪）。連續幾個星期記錄你所吃下的所有食物。我讀研究所的時候，我們的營養學課程要求我們做這種紀錄。一開始，我對這功課很不感興趣，覺得很麻煩，但是它卻給了我一個意想不到的發現。我以為我有相當健康的低脂肪飲食，卻震驚地發現我吃進了爆米花、花生、沙拉醬、沒有剝皮的雞，甚至只有一匙放在烤洋芋上的酸乳脂。我發現許多我吃進的卡路里實際上被掩飾或被忽略了（有點自欺的意味）。我明白我得對自己誠實，而且我也知道，我們對自己說謊時，總是說得最大聲。

4. 學習解讀脂肪含量的標示，買一本讓你對食物營養成分有基本概念的小冊子。

5. 每天運動（相關內容可參見第31節）。為防止增重，你必須消耗掉每天攝取的熱量。鍛鍊肌肉的過程不僅代謝更多熱量，而且也可以使你的胃口穩定。

6. 在餐館吃飯時也要注意，少吃油炸的食物，多吃煮或蒸的食物；用清淡調味料而少用乳脂類的調味料和沙拉醬；少抹奶油在麵包上，並且少用酸奶油來搭配烤洋芋（你會發現食材原有的味道是非常美味的）。當你逐漸改變飲食，攝取較少脂肪時，你發現你的味覺改變，高脂肪的食物會變得太油膩、太難消化了！

7. 多吃植物！在政府製作的營養指導手冊中提到，我們每天只需要三到四盎司（一盎司等於二十八點三四九五克）的肉食或其他蛋白質食品，其他多餘的部分就會轉化為能量，而這能量如果沒用完，就會累積成脂肪。多吃蔬菜水果，學學亞洲人那樣，把肉當成一餐裡其中一道菜，而不是主食。自然攝影家凱思和安特爾注意到他們的朋友中那些多吃菜的人精力較充沛，較少生病，因此他們改變了自己的飲食習慣。幾個星期後，他們感覺好多了！凱思的膽固醇大大下降了。（研究指出，以植物食品為主的飲食方式——少吃肉、多吃水果、蔬菜、豆類和穀物——加上健身和保持合理體重，可以防止百分之三十至百分之四十的癌症。）

8. 多吃些高纖維食物，如新鮮水果和全穀物食品，飽足感會維持比較久，而且對健康有益。

9. 聆聽身體的訊息！當你的身體已經攝取足夠的食物時，就不要繼續進食，離開餐桌。換言之，在吃飽之前就停下來——飽，就是一個你吃太多的信號。

10. 每天至少喝八杯水，特別是在飯前。這不僅對身體很好，也會使你有飽足感。

11. 避免誘惑，只在家裡放健康、低脂的零食。在一週的開始，準備一大盤生菜類作為零食。吃蘇打餅乾而不要吃洋芋片，用無脂的餅乾取代高脂的餅乾，有時寧可吃半個蘋果也不要吃點心，用果醬塗麵包（果醬的熱量不到奶油的一半）。如果你愛吃冰淇淋或優格，只吃一點點低脂或無脂的，它們吃起來相當不錯。為了滿足我們吃巧克力的欲望，比爾和我有時會在晚上吃四至五顆巧克力豆——總共十七大卡熱量。

12. 創造一個令人愉快的吃飯環境。讓你的食物色、香、味俱全，慢慢吃，仔細嚐嚐每一口飯菜。吃飯時最好不要看電視或看書報，這樣的話你才不至於在無意中吃太多。

運用心智的力量，但如果你不想嘗試新的飲食概念，以上所列舉的東西對你的幫助可能也不大。這裡列出其他人在生活中運用的腦力技巧：

- 討人喜歡的羅蒂是房地產公司老闆，今年五十五歲，她說，她保持身材苗條的訣竅是想像一幅自己下次度假時的模樣——看起來很棒。此刻在她腦海中，她正苗條、纖秀地站在夏威夷海灘。她說：「對我來說，最大的挑戰就是我丈夫買許多零食回來的時候，我靠吃家裡的柳橙和無脂起士來抗拒那些零食。」
- 我丈夫比爾則想像到城裡時，從商店櫥窗的反射上，看到自己清瘦健康的樣子。
- 凱倫，在離婚四年後，決定開始約會。只要她忍不住要吃過多東西時，她就會提醒自己，大部分男士都喜歡苗條的女人。

• 無論何時，只要我想吃誘人的點心，如巧克力棒等等，我就會在腦中的天秤上權衡這種選擇，問我自己：「值得為此而攝入過多脂肪嗎？」或「我願意因此多散步五十九點二三分鐘，來消耗掉由此帶來的三百零八卡的卡路里嗎？」或「我會不會後悔？」

• 當格雷努力想減去多餘的體重時，受到飢餓的折磨。但他提醒自己：「如果沒有飢餓感，我就沒辦法成功減肥。飢餓感是一種信號，告訴我，我的身體在消耗多餘脂肪。」

• 試試以上任何一個或全部的腦力技巧，或構思一個適用於你的新方法。你一定做得到，而且你也會愛死了最後的結果。

Chapter 6

成長的過程

和各式各樣能激勵你的人發展活躍的人際關係，包括許多與你背景不同、興趣不同、思維不同的人。

33 想像未來的自我

預測未來最好的方式就是去創造它。

——史蒂芬·科維（Stephen Covey）

大多數奧運獎牌得主和世界級的運動員都會告訴你，想像在他們的成功中扮演了關鍵的角色。每一天在比賽以前，他們靜靜地坐著，想像、感覺和體驗他們完美地完成每一個自己要做的動作細節。然後，在他們眞正比賽的時候，他們就會自動進入自己想像的行爲中。傑克·尼克拉斯說他每次打高爾夫球，百分之十是眞正的揮棒動作，百分之四十是準備和開始姿勢，而百分之五十是腦海中的畫面。

頂尖的實踐者之所以使用假設，是因爲這是有用的——在運動中、個人生活中及事業中都一樣。研究者們發現，事業上最成功的人在重要會議前，都會在腦海裡演練他要說的話或要做的事。其他有效率的人也是如此——在每個預定手術的前一天晚上，心血管疾病專家羅伯爾總是在腦海中想像這個手術預定過程的每一步驟，先想像一遍順利進行的步驟，然後又設想他可能遇到的麻煩。

當你具體想像你要做某些事的方式，或你想成爲什麼樣的人，你的心智、感情和每一吋肌肉實際上都在練習這個經歷。例如，當運動員在具體想像自己做一個完美動作時，儀器完全可以偵測出相關肌肉的眞實身體反應。

大多數美國人最大的恐懼之一就是在公共場合演講，我也不例外。當我第一次受邀在一群教授前發表有關成年人發展的研究報告時，我怯場了。一想到在坐滿人的禮堂講台上，必須做到思緒清晰有條理，表達流暢，我簡直嚇壞了。但我眞的很想與這些專家分享我的研究，而我也知道，爲了打破使我麻木不安的恐懼，唯一的方法就是去做。幫助我度過這一關的是大量的練習，在我腦海中具體想像我演講的每一個細節——姿勢、說法、說什麼笑話、放棄自我（相關內容可參考第28節），甚至不在意觀眾反應是否熱情。然後，在開始演講前，我找到一個安靜的地方，靜靜坐下來，在腦海裡將這些畫面重演一遍。這種準備生效了！觀眾十分熱烈，我在整個過程中都感覺很好。他們對我提出各種問題，以致於主持人不得不因時間不夠用而打斷他們。幾年後的現在，我做了多次演講，已從膽小地把自己縮在角落蛻變成熱愛演講，甚至變得有點過分大膽了！

我所要表達的重點是，具體想像是有效的。如果你想成爲好的溜冰者、公眾演講者，或是一個更有活力、持續成長、有趣和盡情發揮自己的人，你絕對做得到。在腦海裡想像你的目標，將幫助你實現它。

以下列方法開始：

1. 坐下來想想你想改變哪些方面。你也許想加強人際關係、改變面對壓力的處理方式、你的幽默感和開玩笑的本領，或想改善你的智力、道德和修養，你的身心健康和活力、工作成就和對社會的貢獻——所有你認為十分重要的事，把它們全部寫下來。你是個規劃者，寫下你的計畫，一旦有新的想法，就趕快加進去。

2. 找一個安靜的地方坐下，閉上眼睛，深呼吸，放鬆自己（放鬆狀態能解放你的思想去創造想像）。現在，選擇一件你想改變的事。

3. 然後，在腦海中想像你已處在你確實想要的狀態。例如：如果你想要自己更常笑，那麼就可以想像自己在看電視節目或和朋友們一起放聲大笑，或運用幽默感緩和某個緊張的局勢。這種想像包括你會有的感覺、你笑的聲音，以及你看起來的樣子。建構你的整體形象，擴展這個畫面，使它更生動，使它成真。如果你能看到，你就能達到。

4. 最後，當你對自己達到第一個目標的過程滿意後，繼續做下一個。

你會驚訝，這個具體想像對你很有效，並且使你感覺很好。但是，記住，我們不會在一夕之間有巨大的改變，而是每次前進一小步。你未來的路還很長，應該給自己一點耐心。讓自己輕鬆一下，在這個蛻變成你想要成爲的人的過程中，盡情享受。

34

成長意味著冒險

只有當烏龜伸出頭來時，牠才能往前走。

——佚名

外子比爾的父親保羅一生只做過一個工作，而且這個工作並非他眞正想做的。退休之後，保羅向比爾坦承他當初應該多冒點險——而比爾試過兩種專業，才確定哪一個是他眞正喜歡的。我們之中太多人在到達人生的十字路口時，總是選擇安全的、阻力最小的路，然後在餘生爲此感到懊悔。羅伯特．佛洛斯特（Robert Frost）說得好：

「在森林中有兩條分叉的路，我選擇了人煙稀少的那一條路，而一切都因此改變了。」

每當你往前走，就是冒險進入一個未知的境界。每當你用新的方式思考，用新的方式做事，這實際就是冒險離開一個令你感到舒適、熟悉和安全的世界——這是需要勇氣的！這就像龍蝦必須脫殼才能長大，而牠在長成新殼之前都比較脆弱。這也像初學步的孩子，每一個他踏出的步伐都可能讓他失去平衡，他摔倒了，受點小傷，但除此之外，他還有什麼方法可以學會走路呢？

當你處於一個覺得自己比較脆弱的變化過程時，很可能會摔跤、受傷。但不經歷這些過程，又怎麼能成長？一如奧諾賓多（Aurobindo）的名言：「生命是一連串的跌倒，你摔個四腳朝天，站起來，拍一拍灰塵，馴服地仰望上帝，然後邁開另一步。」

有一些事值得你深思：

◇除非接受挑戰，否則，你不會得到勝利的喜悅。

◇在進行了幾次冒險、經歷一些勝利和跌個幾次後，你會發現跌倒並不那麼可怕，而且勝利的喜悅更加值得珍惜，如此一來你會變得更有信心——甚至對冒險感到興奮。

◇記住，成長的確有些風險，但不這樣的話，就會永遠停滯不前。

隨著每個成長的腳步，就像試試這本書中許多的建議，你不妨探出頭，進展到一個新領域。這是成長的唯一方式。

舉例來說，中年男女返回學校讀書，就必須冒著會引發朋友家人的威脅感或不滿的風險。他們也必須冒險面對比他們年輕許多的同學，這些年輕人可能比他們更熟悉現代的思考方式。此外，好不容易才獲得的財務安全也會有風險。

然而，一旦你開始走一條新路，最驚奇的事就會發生。新的大門爲你開啓，你做夢都沒想過的意外機會來到你面前。你踏上了一個一直在那裡等著你的軌道，認識了在這軌道上的其他人，你們幫助彼此一起向前進，你會發現你從不認識的動力、精力和快樂。

四十八歲時，喬伊斯在她的分子生物實驗室愈來愈覺得受限，心裡也愈來愈空虛，得不到滿足。她知道，對許多人來說，她的工作是別人夢想中的工作，但還是覺得哪裡不對勁。她一直都很喜歡畫畫，但從來沒想過要追求這個興趣，主要是因爲家人和教師都說服使她進入科學領域，畢竟她的表現非常傑出。

然後有一天，因爲一時衝動，她參觀了附近一所藝術學校。這所學校有她需要的一切。她的存款足以允許她請假去學校註冊。四年來，她熱愛在這裡學習並嘗試新畫風與新技巧的每一刻。現在她是一個商業藝術家，最近還爲一本童書繪製插畫。她似乎各方面都光芒四射，以前她很嚴肅、認眞，而現在她愛笑又愛開玩笑，展現了過去沒人知道的幽默性格，此外，她認識了一群比過去任何朋友都契合且支持她的親密朋友。喬伊斯發現這條路她是走對了！

寫下你對下列問題的答案：

1. 我曾因為怕冒險而避免走新的路嗎？

2. 如果我的冒險失敗了，最壞的情況會是什麼？
3. 如果我冒了那個險，最好的情況會是什麼？
4. 如果我冒了那個險，最有可能發生什麼事？
5. 從現在起五年之後，如果我不冒那個險，我可能會有什麼感覺？

敢於發現你心中的那條路——跟隨它。當你追求內心的目標時，你將會發現新的精力和熱情——甚至是無盡的歡悅！

> 不管你能做什麼，或能夢想什麼，從這一刻開始吧！
> 在勇氣裡，蘊含著天賦、力量和奇蹟。現在就開始！
>
> ——歌德（Goethe）

35 發展你的大腦

我們在自己內在培養的東西將會日復一日成長，
這是永恆的自然定律。

——歌德（Goethe）

心智上的挑戰可以刺激大腦成長嗎？我們現在知道這個答案是肯定的！運用它或放棄它都對我們的大腦有影響。

研究者發現，同是關起來的小白鼠，那些處在富有智力挑戰的環境下的老鼠，亦即在籠子裡放有一些會動的玩具，如滾輪、階梯和迷宮，比起那些僅僅供給食物和水，但沒有任何刺激大腦設備的老鼠，有更強壯、更靈活的大腦。最有趣的是，這跟年齡並沒有關係！當處於有挑戰性的環境時，年老的白鼠和年輕的白鼠一樣，大腦都會有所成長，甚至有些成長的幅度更大！受到挑戰的年老白鼠變得更年輕、更健康，也更有活力。牠們有更好的學習能力、記憶力和解決問題的能力（就像是學著順利通過困難的迷宮）。牠們也活得更有樂趣——牠們會和年輕的白鼠一起嬉鬧玩耍。

好消息是同樣的事也發生在人類身上：只要我們活著（如果沒有嚴重的腦部病變），當我們的大腦接受挑戰時，它就會成長。「老年人的大腦無可避免地衰退」這一概念並不正確，不管在任何年齡，只要不用大腦，它就會萎縮，而不斷運用和刺激，大腦就能保持健康，並且成長。

神經學家阿諾德・薛貝爾醫學博士（Arnold Scheibel, M. D.）說：「八十歲的人擁有三十歲的大腦，這是可能發生的事。祕訣很簡單，就是使用它。」你的大腦就像你的身體，需要常規地鍛鍊使用，鍛鍊自己大腦的人在智力上很少衰退。

舉例來說，喬治亞・奧基夫（Georgia O'Keeffe）一直到九十九歲去世前，都持續創作出一些最好的作品，而喬治・伯思（George Burns）也是一直到九十九歲去世前，都還保持著腦子的活躍和令人愉悅的幽默感。即使在數世紀前，在那個大部分人都活不到五十歲的年代裡，也有像數學家暨物理學家伊薩克・牛頓爵士（Isaac Newton）這樣的例子出現，他一直到八十七歲去世前，都還不斷地想出許多傑出而有創意的新概念。

值得慶幸的是，鍛鍊大腦的人在各方面都保持更健康的狀態——不論是體力上、精神上或感情上，都是如此。你的精神和肉體是一個整合的系統，改變一個部分，如你的大腦，就會影響其他所有部分。

這裡有幾項要點可以保持大腦的健康和成長：

- 積極參與各種活動，你的每個感官都需要刺激。從核磁共振成像（MRI）掃描大腦的結果顯示，在大腦中，負責掌控大腦發展的特定區域，與某個負責感受刺激的區域是有關聯的。

• 追求你現有的興趣，同時也要發展新的興趣，如此你才有理由去學繪畫、跳舞，或學排笛、東方哲學等新事物。去學一門新技術，研究一門新課題，動手製作一些東西，或參加社區活動。總之，去找到你喜歡做的事。

• 保持大腦的天線持續運作，尋找新的經驗、挑戰，以及可以學習的新事物。

• 多問問題，然後再去尋找答案，讓你的好奇心保持活躍。

如果上述這些聽起來像是大工程，不用擔心。你的大腦並不需要連續不斷的刺激，正常的學習是波動式地向前，然後後退，休息一下，就像湧上海灘的浪花也需要時間才能退去一樣的道理。用一定的時間去消化、思考、琢磨，然後再往前。盡情享受過程中的樂趣吧！

36

學習是成長，成長也是學習

只有當我們把大腦和心智都推到可能達到的最顛峰狀態時，我們才會感到快樂。

——美國作家，羅斯坦（Leo Rosten）

如果最天才的人佯稱一切的成就只依靠他自己的資源，那麼他將不會創造多大的價值。

——歌德（Goethe）

沒有知識就沒有力量。

——愛默生（Ralph Waldo Emerson）

讓我們來假裝一下。我會給你大型拼圖中的一小片，請你拿在手上，細細觀察研究一下。你看見了什麼？就讓這一小片拼圖代表此刻你對世界的看法吧！而完整的拼圖就代表這個世界的智慧。你可能會需要花一輩子的時間來完成這個拼圖，但你每加進一小塊，你的智慧就增長一分。有些人滿足於小小的幾片拼圖，自滿於以一個簡單明確的觀點來看待現實。對這些人來說，加上幾片新的拼圖——新的面向——會讓他們感到威脅、困惑和不舒服。

你可曾認識一些停止學習的人了？你有興趣與他們交往嗎？他們固執己見、狹隘、孤獨，而且不快樂嗎？從你認識他們以來，他們有成長嗎？另一方面，你可曾認識一些人，他們總是如此好奇，就像小動物一樣，不停地搜索生活的每一角落，追尋他們自己的興趣？他們保持開放的心胸，尋找新的知識、資訊去充實他們的生活。他們十分主動、生氣勃勃、保持進步、身心愉快。他們看起來老嗎？其他人希望與他們爲伴嗎？

生活意味著一個永不結束的學習過程。一個著名的成人心智發展專家克沃納・施奈博士（Dr. K. Warner Schai），在研究中發現，不願接受心智刺激的中年人，在年歲漸長時身心衰退得比較快。相反的，一直保持學習的人，在智力上幾乎沒有衰退現象，而體力上的退化程度也相對減少很多。

正如同古代的中國婦女，由於被迫纏小腳導致腳的正常發展受到抑制，同樣的，只要我們過著受限的生活，扭曲我們的精神和靈魂，那麼我們與生俱來的學習成長動力就會受到壓抑。

當我們停止學習，就會像木乃伊一樣，禁錮在舊有熟悉的觀念和思維中，逐漸枯萎，最後成了化石。我們永遠都不可能洞悉一切，如果我們以爲我們可以，我們就會停止學習，並開始衰老，事情就是這麼簡單。用片刻思索一下：不學習就不能成長——沒有成長也無法學習。當我們學習時，擴大了我們對生命的了解——這就是成長。這也是爲什麼九十二歲的海倫會那麼吸引她周圍所有年齡的人。她有好奇心，她讀書，問有洞察力的問題，接受不同的意見。她大腦的天線在不停地旋轉著——尋找更廣闊的畫面。幾年前，她摔了一跤，跌斷腳，醫生來看她時，說：「原先我看到病歷表上的歲數時，還以爲自己會看到一個老太太。而妳一點兒都不像！」他是對的！

我要告訴你一件很重要的事：每天日常的基本學習和造成改變的學習之間是有區別的，基本學習是指學新的東西，如一個新的辭彙。這也許不會改變你，但卻可以使你更充實，我們需要這種充實。

造成改變的學習會使你心神不寧，它挑戰你的習慣性思維，逼迫你重新建立一個新的、更成熟的理解方式，而這正是我們所需要的。

過去的我一直對抗爭者很沒耐性，尤其是那些觀點和我不同又大聲喧譁的人。對於在拘謹、行爲端正的家庭中長大的我來說，他們似乎完全失控了！但是，後來我了解到正是這些抗爭者——即使是那些最極端的——讓我們的社會保持平衡。只有當不同的聲音安靜下來時，像納粹對猶太人的大屠殺這種可怕的事才會發生。

以下列舉一些保證終生學習的方式：

- 保持敞開的心胸（雖然前面已經說過了，但這是一個非常關鍵的問題，值得再次提起），除非對新想法持以歡迎的態度，否則我們無法學習，即使因為這些新想法挑戰了我們解讀這個世界的習慣方式，而讓我們感到不太舒服。所有的變化，即使是正面的，也會讓人害怕。
- 讀書、讀書、再讀書。找些新主題學習，讓自己對這個主題感到興奮。把了解不同觀點當作你的目標，比方說，閱讀一些不同種族、不同文化背景和不同宗教信仰的作者的書籍，學習他們的觀點。
- 去認識一些和你截然不同的人。努力了解他們的思維方式，探索生命這個多稜鏡的各種角度，僅僅從我們自己狹窄的角度來解釋這個世界，實在太過輕率了。
- 去做志工，教導或幫助不同領域的人，同時也向他們學習。
- 到社區大學或任何你可找到學習資源的地方，選修幾堂你感興趣的課程。

• 當你不懂時，永遠都不要害怕問問題，你並不會因此而顯得愚蠢，真正的愚蠢是你未曾盡力去找答案。當我在中年回研究所讀書時，我大部分的同學都比我小幾十歲，而且我離開學校已經有很長的時間，我覺得自己在所學科目上落後很多，因此很害怕問問題——我可能會顯得很蠢。最後，我的好奇心還是戰勝了自己，並意外發現每次我提問題後，同學們都會說：「對，我也在想這個問題。」

• 收看那些談論新主題的有益電視節目。

• 學習用網路。你不應錯過這個就在你指尖下的知識汪洋大海，不是嗎？

• 只要時間和經濟允許，就去旅行吧！這是一個很好的學習方式。一九八四年，為了比較共產社會和民主社會（如美國）下人民的生活態度有何差異，羅斯和蘇前往俄羅斯旅行。許多他們以前對生命的想法因這次旅行而澈底改變，舉例來說，他們發現持續的壓抑似乎嚴重扼殺了男性和女性的創造力——甚至是小孩子。

- 注意傾聽別人的看法，你可以從每個人身上學到東西。
- 換言之，永遠保持好奇心——不要停止探索，不要停止問問題，更不要停止尋找研究調查、學習和成長的方式。

這個世界變化之快，遠遠超出我們的想像。新科技的發明，許多國家改變名稱、重劃疆界，速度快得讓我們都來不及換新地圖，科學的嶄新發現不斷向我們顯示生命與自然的奧祕。這些東西都在那裡，等著我們去學習和品味。快跟上來吧！

37

調整步調會幫助你成長

成為我們自己，變成我們能力所及的人，這是生命的唯一目的。

——羅伯特・史帝文森（Robert Louis Stevenson）

想聽聽其他好建議嗎？要確定你和你的大腦一直在成長，最好的方式之一就是讓自己面臨比自己更好的對手的挑戰。你一定會納悶這是什麼意思，其實就像在打網球時，找一個球技比自己強一點的人對打，這樣一來你的球技便會突飛猛進。又比方說閱讀一本書，一開始閱讀時好像有點不知所云，但堅持下去就會逐漸理解這種新的思維方式，於是你又擴展了你的心智。好的網球對手和有挑戰性的書能夠加速你的成長，讓你超越現有的水準。

正如同在賽狗時，將機械兔放在賽狗前面，促使牠們加快速度。同樣的，具有挑戰性的概念亦會使我們加速成長。在剛開始寫碩士論文時，我曾讀過一本書，那是一位在我所研讀領域內的佼佼者寫的，我思忖著：「這眞是一個糟糕的作者，廢話連篇！」但因爲我不得不學習這些概念，所以我陷入一種掙扎。當我最終明白他所談的事時，我才了解，當初我認爲他寫的東西毫無意義，是因爲他的思維超過了我當時的理解力。我了解到唯有傾注全力去理解他的意思，我才能使自己的思維到達一個嶄新的層次。

你的對手——不論是網球對手，或是一本書，或是機械兔——都不能比你好太多，不然，你就會因爲挫折感太大而放棄。最理想的選擇是，距你現有的水準只有一步之遙。這樣你的成長就不會是一個難以到達的巨大跳躍，而是一次前進一步。

這種運用對手的步調來做調整的顯著成效，是我在做研究時最令人震驚的發現之一，當時我在研究一些成年人如何與爲什麼能持續成長、成熟，而其他人做不到。我的研究夥伴們都談到，如果把步調調整的程度選在一個讓自己感到不舒服的點上，那麼當自己奮力去理解這種更複雜的思維時，收穫最大，他們的心智將會到達一個全新的水準。就像和球技比你稍強的對手打網球，你奮力應戰，可能會受一點傷，但你的球技肯定會更上層樓。

戴維是西岸公司的執行長，他說，工作場所是一個調整步調的好地方。「與其避開挑戰你的人，不如主動與那些樂意給你建議和建設性批評的人互動。這是一個等著你的好機會。」當你思考這個問題時，你大概也同意，把調整步調當作成長的激勵，這不是很有意義嗎？

試試這麼做：

1. 隨時留意調整步調的機會——一切有助於你的行為、能力、理解和思維發展至新層次的人或經驗。
2. 當你在前進的過程中感到不舒服，保持下去，這種不舒服感表示你正在進步。

3. 和各式各樣能激勵你的人發展活躍的人際關係，包括許多與你背景不同、興趣不同、思維不同的人。如何發現這種人際關係呢？當你外出從事有趣的活動時，保持敞開的心胸和好奇心，主動學習成長，他們自然會找上你。

4. 在你選擇去改善和成長的領域中，推動自己達到卓越的境界。這是令人振奮的——而且很有效。

我寧願是灰燼而非塵土。
我寧願我的火花在燦爛的火焰中燃盡，
而非沉寂在枯枝中。
我寧願是一顆巨大的流星，
每一原子都發出動人的光芒，
而非一顆沉睡的恆星。
人類的主要目的是生活，而不是存在。
我將不會把時間浪費在延長生命上，
而是善用我的時間！

——傑克・倫敦（Jack London）

Chapter 7

成功溝通的力量

如果說成功有什麼祕訣的話，

就在於了解其他觀點的能力。

除此之外，

不僅能從自己的角度看事情，

也能從其他人的角度看事情。

38

傾聽的力量

聰明人說話是因為他們的確有話要說，
傻瓜說話是因為他們必須說點什麼。

——柏拉圖（Plato）

沒有什麼可以與一個善於傾聽者的魅力相比。埃莉諾．羅斯福受到許多人的喜愛，因爲她具有一種珍貴的才能，她和人們在一起時，總是給予對方完全專注的注意力，她讓每個與她交談的人都感到自己很有價值、很重要。

我一直認爲自己是一個很好的傾聽者，直到有一次，我聽了自己與安娜（我研究所的指導教授）電話交談的錄音，才發現事實並非如此。我十分吃驚地聽到自己不停地打斷她，雖然每一次打斷都是對她的想法做一些熱切的評論，但這依然打斷了她的思路。從這次之後，我一直十分留心，在別人說話時，不去打斷，而僅僅是用極簡單的一兩個字來表達我正在聽對方說話，如「嗯」、「是」。

最近有一次我和丈夫外出晚餐，他評論一個坐在鄰桌的女性，說：「她眞迷人，那麼專注地聽朋友說話，眼睛看著他，身體微微向前，做出言語上的回饋——不會因此打斷他，同時又讓他知道她是聚精會神地在傾聽。她就這樣一直持續到談話結束。若走在街上我並不會注意到像她這類型的女性，但在這裡，因爲她看起來很有興趣，所以很吸引人。」我們都很疑惑，是否是因爲善於傾聽的人太少了，以致於有一個就顯得那麼突出。

如果你想變成一個更好的溝通者，聽聽你內心的聲音，你眞的在聽嗎？在聽別人講話時，你從不打斷他們嗎？你說的比聽的多嗎？當你說話的時候，對方是否坐立不安？他們的眼睛變得游移或呆滯了嗎？當別人說話時，你是否不耐煩地想著你接下來要說的話？眞正的傾聽包含澈底的注意力、耐心，以及眞正想了解別人所說的話！

試試下面這些試驗：

1. 下週，每當你和你的伴侶、家人、朋友或同事交談時，全神貫注地聽他們說話，不要分散任何注意力！
2. 試著進入他們的觀點，而不僅僅是從你的角度聆聽。
3. 不要想著你接下來要說什麼，而減弱了你的注意力。
4. 讓他們說完他們想說的，然後你再說話。
5. 簡單而深思熟慮地回應他們的話，清楚表達，不妨說出你對他們所說的話的了解，就你所聽見的和理解的。
6. 實踐一週的認真傾聽之後，注意一下你的人際關係是否有所變化。

我們都認識一些說太多的人，這樣的人很難相處。正如伏爾泰所言：「成爲一個讓人厭煩的人，祕訣是喋喋不休地談論一切。」除了令人厭煩之外，不給別人說話的機會也是一種對別人的羞辱。我總是不斷提醒自己，如果我們一味地說，就學不到任何東西，只有在聆聽時我們才能學習。

而且，被傾聽——全神貫注地——的感覺很好，這是一種奉承，會培育出良好的人際關係。

39

傾聽以至了解：同理的力量

如果說成功有什麼祕訣的話，它就在於了解其他觀點的能力，除此之外，不僅能從自己的角度看事情，也能從其他人的角度看事情。

——亨利．福特（Henry Ford）

在我努力試著清楚地向讀者解釋同理心時，我和朋友莉莎一再針對此進行討論。莉莎今年三十七歲，是一個氣象學家，她一直在找一個更具挑戰性的工作，終於有三封應徵信得到回覆——全都是拒絕的。當我們交談時，莉莎的臉突然展現光芒，她說：「妳知道嗎，我寫這些應徵信時，我只是一個勁兒地告訴他們我想要這個工作，沒有真正從他們的角度去看，並思考他們的需求，我一點也沒有站在他們的立場去同理他們。」她因此另外寫了一封應徵信，這次她把自己放在雇主的地位，告訴他們她如何能幫助於他們達到目標，最後她得到了這份工作。

的確，人們非常容易混淆同理和同情。同情意味著你爲別人感到遺憾，而同理則意味著你與別人產生一種共鳴。像你說「你好可憐啊」和「我眞是爲你感到遺憾」，這是反映了同情。如果你說「聽起來你似乎眞的很受傷」和「我感覺你很沮喪」則反映了同理。同理是你把自己放在對方的位置上，精神上和感情上都分享了這個人的經歷。

以下與你分享如何更有同理心：

1. 試著從他人的角度傾聽並了解他或她的遭遇，努力從他們的眼睛看世界。
2. 盡量無條件地接納這個人——不加判斷和批評——認同他是有價值且獨特的個體。
3. 讓對方知道你的理解——透過全神貫注地聆聽、身體語言和你的話語。

有同理心的教師、心理治療師及父母們，都因爲他們的理解力而更有效能。

同理無疑是建立高度滿足和互相授權信任的婚姻所不可缺少的基本要素——因爲這是一種心靈的契合。

同理意味著用你的心，同時也用你的腦去傾聽。

問問自己這個問題：你能夠想到任何從他人觀點來傾聽以至理解，而不能幫助你更有效能的事實嗎？羅傑，一個保險公司的總經理，他說：「我總認爲同理是發展良好人際關係的基礎，無論是在生意上、家庭中、親密的朋友間，或無論什麼人和事。你知道，我了解現在我身邊親密的朋友中，沒有一個是不懂同理心的。這些年以來，雖然不多，但總會有幾個人我無法忍受，現在我明白爲什麼了，他們完全沒有同理心。太遺憾了，我們做不成朋友。」

艾莉絲，她是一個四十六歲的顧問、妻子和母親。她說：「同理心就存在於那裡，爲你提供感情支援——並不操縱你，而是讓你做你自己。」她尤其在她十幾歲的孩子身上看到這種需求，他們想要的只是她的聆聽和理解，而非任何建議——除非他們要求。

在我義務教授新移民英語的工作中，我發現當我愈了解他們在遷移到一個全新而令人困惑的文化中所有的經歷、掙扎和感覺時，他們在課堂上看起來愈輕鬆自在，而我也會更加珍惜、喜愛並接受他們。我們不都希望被了解嗎？

在工作和生活兩方面，有幾件事你可以思考一下：

◇ 你傾聽、理解得愈多，就愈知道一個人的感覺，了解他或她為什麼這麼想，那麼你就會更欣賞、接受和關心這個人。

◇ 同理會幫助你建立一個更完整、深刻和豐富的人際關係。

◇ 同理不僅改變人際關係中的動力，而且還會改變關係中的人，因為一個溫馨關懷的人際關係會幫助我們成長。

◇ 當人們感到被理解和被接受時，他們很自然地會卸下防衛、論斷和批評的行為。

試試這些辦法：

下次與朋友、同事或愛人交談時，仔細傾聽他們的言語和感覺，試著了解他們正在說的事——從他們的角度去看此事。你可以說：「當然，我敢說你一定為此而感到驕傲。」或者不論什麼話，只要能表達你對他們的理解。然後注意對方的反應，你可能會發現，你的理解使他們姿勢放鬆，臉上有愉快的表情，而且會對你表示出親近的樣子。

學會如何認同他人，是發展到更高層次成熟的最重要步驟之一。而且，這是一個你可以學到的習慣——它是你的內在力量。

40

將別人的回饋當作珍貴的禮物

絕對不要愚弄自己——你是最容易愚弄的人。

——理查．費曼（Richard Feynman）

我們都有盲點，如一些隨心所欲做的事、看不見或沒發現的習慣，但我們周圍的人都看見了。想想看你很了解的人，他們大部分是不是因爲某些自己沒注意到的行爲，而毀了自己？

由於我們處在自我的角度上，無法看見別人所看到的自己，因此，欲找出這些看不見的習慣，唯一的方法是透過其他人對我們的回饋。

五十一歲的朱迪是一個好人，善良、聰明而有才華，但她話太多，鮮少聆聽別人講話。無論工作或人際關係，對她來說都成了一種折磨，但她並不知道爲什麼會這樣。她丈夫和朋友一直試圖告訴她，而她卻充耳不聞。如果朱迪認識到回饋的價值，去聽、去發現的話，她或許會聽到她丈夫的悲嘆：「妳從來沒給我機會講講我的想法。」她會看到當她一個人滔滔不絕時，人們總是坐立不安，東張西望，看起來很煩躁。其實她可以將這些回饋視爲贈禮，好好運用，幫助她改善人際關係和她的效能。她將學著少說多聽。

在我有關高效能、持續成長的成人研究中，意外發現這些具有活躍生命力的男性和女性，都很注意批評、個人評論及來自他人非語言的訊息。瑞奇，我那從不停止學習的教授，他說：「即使是很刺耳的批評，裡面也總會有一些事實。」巴菲特說：「成功不會是完全由我們自己成就的。」要變得更有活力、更有效率，最重要的是找到一種發現盲點的方式，如此一來，我們就可以警覺到自己的弱點和毀壞自己的方式，然後針對這些做些改善。只有這麼做，我們才能有最好的自我。

當瑪莉完成研究所的課程時——對一個育有二子的單親母親來說，這是完成了一個艱難的任務——她收拾所有放在助教辦公室的東西，準備搬回家。她辦公室的夥伴說：「瑪莉，妳畢業了耶！難道不準備慶祝一下嗎？妳好像從來都不慶祝什麼事。」開車回家的路上，她對自己說：「他說的沒錯，我從不慶祝。」現在，她會爲自己慶祝了！

了解盲點最好的方式是：

- 把關心的回饋和批評視為珍貴的禮物，關心你的人是想要幫助你的。
- 如果你不了解這些回饋，友善地問——不要用防衛的態度，努力去理解他們的意思，和他們討論。
- 注意，往往你對這種回饋的第一反應是拒絕。因為這類行為藏在你的盲點中，你一開始往往很難相信。
- 要記住，除非警覺到問題，否則你無法改正。

總是要一段時間後，你才能接受建設性的批評，因爲我們大多數人都會不自覺地拒絕或躲避批評。畢竟它很傷人。然而，一旦你習慣去傾聽、探索，你會發現批評將幫助你生活得更有效能而你就成長了。在其中蘊藏著羅伯特·伯恩斯（Robert Burns）曾在他的書中提到的力量：

「傾聽回饋是一個禮物，給我們力量，讓我們看見別人眼中的自己，使我們免於釀成大錯。」

41 對話：溝通的好方式

人類的心智一旦擴展到一個新的概念，便不會再返回原來的層級。

——奧利弗·溫德爾·霍姆斯（Oliver Wendall Holmes）

我們如何溝通？我們能做到眞正傾聽彼此的心聲嗎？偉大的自然科學家戴維·玻姆（David Bohm）在他一本很有影響力的書《論對話》中提到，在競爭激烈、高節奏生活的社會裡，我們失去了對話的能力。相對地，我們只「討論」（discussion）——這個詞在英文裡和「撞擊」（percussion）、「震盪」（concussion）有相同的字根。我們像在打乒乓球一樣，把一些想法打來打去，爭著說服對方自己的觀點是對的。當別人說話時，我們並沒有認眞傾聽，去理解他或她的觀點，而是準備著自己的辯駁。我們並沒有眞正聽進任何與我們自己不一樣的說法。

四個熟人在一起吃晚飯，話題轉到大麻的合法化問題。喬治說：「從法律強制執行中省下的錢，可以用於反毒品的教育。」莎麗立即說：「不！沒有任何理由讓毒品合法化！」史蒂芬和特斯試圖提出他們的想法，但他們說話時，莎麗又搖頭又皺眉，根本就不想聽不同的想法。在那樣的討論中，沒有人能夠學習或提高他們對這個話題的了解。

相反的，古希臘文中的「對話」一詞（dialogue）的字根，意味著在人們之間有種內涵的自由流動。我們努力了解對方的觀點，共同獲得新的頓悟和更高層次的理解。在這樣的對話中，每一個人都是贏家。

舉例來說，羅和狄娜有兩個男孩，有天他們去參加學校的家長會，羅提出有關體罰的問題。由於每個人在這個問題上都有很堅定的觀點，每個人都談到了「如果」、「何時」和「爲什麼」父母應該或不應該體罰孩子。所有與會者都十分專注地聽取別人發言，互相尊重，創造了思想豐富且很有啓發性的對話。當散會回家時，每個人都感到自己在這個問題上有了更多收穫，並了解到這個議題就像其他議題一樣，非常複雜，沒有簡單而絕對的答案，而若想要有所學習，最好的方式就是聽聽各方面的意見。

偉大的物理學家沃納・海森伯（Werner Heisenberg）由於他的「一切均是未知數」原理而知名，他一生都得益於與一些卓越且才華洋溢的科學家們對話，如波利（Pauli）、愛因斯坦和波爾（Bohr）等人，這些對話深深影響他，闊展了他的思維。儘管他們之中每個人都有堅定、甚至有時對立的看法，然而透過這些對話，大家都擴展了自己對科學的理解。如果每個人都固守自己的立場，堅持只有自己的想法才是眞理，拒絕傾聽接受他人的想法，大家都會迷失，這個世界也是。

對話就彷彿是聚集了所有人的智慧，從中誕生一個更好、更具洞察力的思想，這絕非一個人單獨苦思就可以辦到的。

花點時間想一想：因爲我們認同自己的意見，總是力圖爲自己的觀點辯護。

但是，如果你的想法眞的是對的，你根本就不需要費那麼大的勁辯護；而如果它是錯的，辯護又有什麼意義？與其奮力爭辯，不如認眞聽聽別人的看法，努力從他人角度來思考。你會驚喜地發現你能因此學到很多東西。

你可以和一個人或一群人交談。我在一所大學的社會工作課程中，引入此「對話」概念，然後這個班針對罰款問題進行了一場對話，得到意想不到的好結果。雖然中間有許多廣泛不同意見的發表，但稍後大家一致同意在這個主題上從來沒有過這樣有建設性、啓發性的對話，因爲一直以來沒有人曾這樣全神貫注地傾聽不同的意見。每個人對這個議題都有了新的頓悟和更深的了解。

以下列舉一些對話的基本原則：

- 退後一步，觀察自己的反應，你要知道，當我們聽到與自己想法衝突的意見，而感到不舒服、甚至氣憤時，就表示我們在無意識中，正力圖保護自己預設的立場和自我。

- 我們用心地嘗試擺脫辯護自己的信仰、設想和觀點的天性，了解到唯有如此，我們才能敞開心胸，接受新觀點、新領悟，進入一種全新的學習。
- 我們以了解為目標，以敞開的心胸，尊重而全神貫注地傾聽別人的觀點。
- 我們要知道唯有集思廣益的力量，才能使我們獲知新觀點、新的思考方式和更高層次的理解。

與你的朋友、伴侶和同事反覆討論這種對話的概念。無論是一對一，還是對一組人的交流都會有深刻的效果。就我所知，大部分人對這種交談方式不光是接受，而且樂意去學習和實踐。

想像一下在我們生活的世界裡，每個人都敞開、尊重並專注地聆聽別人的想法，而且是眞心想要了解對方。

Chapter 8

朋友和愛人

生命中最重要的事情是學著如何

給予愛，也接受愛。

42 你的開始三分鐘

我們以對待別人的相同態度喚醒他們。

——艾伯特・哈伯（Elbert Hubbard）

許多年前，我丈夫和我發現一些寶貴啓示。我們發現，如果我們一天中一開始的幾分鐘充滿甜蜜和幽默，往往會使整天更美好。此外，我們的關係也是一樣。一個美好的清晨爲一整天定了調。儘管有時我們一覺醒來就被眼前的難題困擾，我們也會讓一天之晨平靜地開始，過一會兒再來談談現有的不利情況。而當一天結束，我們相聚時，我們也尊崇相同的公式。盡可能不在一見面就說「你大概不相信我今天過得有多糟」這樣的話，相對地，在剛開始相聚的幾分鐘裡，我們會把注意力集中在見面的喜悅，聊聊一天裡令人高興的事。

相同的原則也適用於每天和你相處的其他人——朋友、家人、同事、生意夥伴、肉店或麵包店的店員，你們一開始的接觸爲你們的相遇定了調。對每天你碰到或在電話交談的每一個人，用以下方法做爲開頭：

- 微笑。（你可曾注意到你可以聽出電話那一頭的笑容？）
- 表示出你很高興和他們交談。（當你進入一間房子時，你會發現兩種人——一種人說：「我來了！」而另一種人說：「你在這兒！」）
- 絕佳的幽默感。
- 用心的聆聽。
- 真正充滿興趣地注意其他人要說的話。
- 積極的態度。（如果必要的話，之後再討論消極的態度。）
- 有活力但耐心地交談。

來做個小實驗吧：下次你看到某個你關心的人，盡量讓你們一開始相聚的幾分鐘特別一點，不妨試試上述的訣竅。看看對方如何反應，並注意你們相處時光的品質有什麼改變。

讓這個開始三分鐘原則變成你在所有人際關係中的習慣。這會帶給你很大的好處！

43

增添浪漫指數

生命中最重要的事情是學著如何給予愛，也接受愛。

——《最後14堂星期二的課》作者米奇．艾爾邦（Mitch Albom）

愛是唯一合理的行為。

——佚名

比起一個老年男人對他年邁妻子的愛，我們年輕時的愛，是多麼膚淺。

——威爾．杜蘭特（Will Durant）於九十歲生日

一位知名的作家寫了一本書，描述四十歲以後的生活，她建議別管浪漫的情

趣。她認爲一旦夫妻關係中性的吸引力減弱，生活就會變得平庸，沒多大樂趣。「不，這並非事實！」沒有比能夠經歷過髒尿布、流鼻涕的孩子、大雨中陪孩子看足球、心急如焚地奔向急診室等等遭遇的愛更浪漫的事了！研究證明，孩子出生前和孩子獨立離家後，婚姻生活會愉快、輕鬆得多，因爲孩子占據了我們的時間、消耗我們的精力。浪漫，就像花園中的花朵，我們需要花時間去澆灌、培育，關心、愛護。

當孩子離家獨立後，你終於可以鬆口氣（也許掉幾滴傷心的眼淚），而將目光轉向你的配偶，發現獨處的樂趣。相互依偎，親切交談，分享對方的想法和夢想，一起哭，一起笑——就只有你們倆。終於又回到這種時候，你們可以自由地決定一起單獨度週末，創造長久以來一直渴望的浪漫感覺。

你可能會想：「不，這對我來說不可能——我們已不再有那種關係了。」即使你認爲你們的情趣已消失得無影無蹤，如果你們依然相愛，互相關心，這種感覺是可以恢復的。我所指的這種浪漫，是一種深刻、愉悅、溫柔、關懷的愛——

是一種肉體和心靈、靈魂和精神的相遇。

幾年前，一艘到阿拉斯加的遊輪失火，一個搜救隊員驚訝地說：「我從來沒看過像我們救進救生船那些老夫婦這樣的愛侶，他們如此深愛彼此！」我在許多老友身上也看過相同的事情，他們之間的愛與其他年齡的夫婦沒有區別，甚至更多。

我的朋友妮娜四十八歲時守了寡，雖然感到寂寞，但是在事業和社區活動中，在讓她感到充實和滿足的朋友與成年孩子中，她找到了快樂。她經常約會，但從來沒有對誰萌生過愛情——直到她七十二歲生日之後。她遇到麥爾，兩人眞心相愛並結了婚。在他們結婚週年紀念時，我打電話向他們慶賀，妮娜發自內心地說：「道蒂，我從來沒有在愛情中這麼愉快或愛得這麼深過！」最近是他們結婚十二週年紀念日，我又打電話給她。妮娜說：「我們在一起十分愉快，而且比以前更相愛了，每一天我們都覺得感恩而幸運。」

他們的幸福只是因爲幸運嗎？我不這麼認爲，他們都用心培育並滋養他們的愛情和婚姻，用自己希望被對待的方式來對待對方。

以下有十四種方法讓你發展愛情關係中的浪漫：

1. 把你的婚姻關係擺在第一位。如果你將工作、高爾夫球或你的朋友放在第一位，那麼愛情必然枯萎。薩拉·布雷斯納奇（Sarah Breathnach）寫道：「一段冷淡的婚姻關係會將雙方活埋在不滿與怨言中。」

2. 另一方面，不要壓抑你的配偶。一個美滿的婚姻應該是雙方都能主動、獨立地履行自己的責任和發揮自己的作用。兩個人太依賴彼此，就會像兩個靠太近的人，連邁步都是困難的。兩個堅強、完整的個人，可以肩並肩行走，自由又充分地發揮雙方的功能——既是整體，又是個人。

3. 互相競爭（除非是比賽）不適用於充滿愛和關懷的家庭關係中。每一方都發揮作用，但一定要互相配合去取勝。當雙方合作，結合兩人的力量，彼此鼓勵，就創造了一個合作的、有效的、有力的關係，這就達到雙贏的局面。

4. 笑！保持愛情活力和度過生命艱難時刻最有效的力量之一就是幽默。如果你現在笑得不夠多，沒關係，你可以學習，讓自己放開來，開懷大笑！當你看到有趣的電視節目、電影，放聲大笑！當你看到喜歡的喜劇，咯咯地笑！常常笑可以變成習慣，而且，笑是有感染力的！一位女性檢察官在一個案件中遇到一位粗魯、驕傲的辯護律師。除了在床上之外，這個男律師對女性充滿怨恨。出於那種過分自負的尊嚴，在聽證會開始時，他稱她為「檢察官女士」。她剛聽到這稱謂時愣了一下，沉默了片刻，但卻忍不住笑出聲來，法官和陪審團也忍不住笑了。從這一刻起，這個案子的審判十分順利。努力試試用幽默替代憤怒。

5. 如果你想讓別人愛你，你必須是可愛的。如果你對人展示出自己最好的天性，對事思考周到、充滿愛心和樂趣——並且想要做到最好，你一定會得到你想要的愛。

6. 分擔日常生活責任。真正的男人會洗碗，真正的女人也能修剪草坪，在這些事上合作的家庭關係往往是最愉快的。

7. 當你們幫助彼此成長，你們的關係也就成長了。當你年復一年站在對方的立場上理解接受、考慮體諒並鼓勵對方，你們的關係必然開花結果、發展良好。另一方面，如果整天生活在互相批評、冷淡、不尊重的氣氛之中，我們的心靈就會枯萎，充滿痛苦，家庭婚姻關係也一樣。有時，我們最吝於對最愛的人表達愛。

8. 生活中也有一些保證是浪漫殺手的事，如嘮嘮叨叨、喋喋不休地數落對方。毫無疑問，這將在不知不覺中，逐漸消耗掉愛的感覺。與其這樣不停地數落對方，不如寫下一張提醒的小紙條，或列舉出要做的事，一起去做一些事，或者點燃你智慧的火花，想出更好的辦法來解決未了的事。別忘了，幽默一點！

9. 像「我早就告訴過你……」這類的話說多了，自然也會使愛情完全褪色。（但有時你不必抗拒這種想法。）

10. 批評也會謀殺愛情。是的，人們非常容易被伴侶的一些習慣所困擾。我很幸運，我丈夫很少批評我。但我一向有批評的傾向，我現在十分努力地去克服這個習慣。我的有效做法是，假若任何時候我丈夫的所作所為使我厭煩和困擾，使我想批評發火時，我會問自己，這件事是不是重要到值得損害我們的關係和傷他的自信心。並且，我總是提醒自己，批評別人其實有時是反映了自己和自己的關係。比爾就是比爾，他是個很好的人。我愛他的本質，所以我有什麼權力希望他改變呢？我也希望別人愛我並接受原本的我，你不也是這樣嗎？

11. 永遠都不要故意說任何傷害你所愛的人的話——即使在激烈的爭吵中。充滿傷害的言語會刻在我們的心上，從不會忘記，而且還會隨著時間的推移而累積、侵蝕，最終毀掉愛的感覺。棍棒和石頭可以打斷你的筋骨，而惡語可以傷透人心。

12. 交流。互相商量和傾聽——除非你是一個好的傾聽者，不然你不可能成為一個良好的溝通者。首先，你一定要確信你是否確切了解對方的意思，有許多爭吵都是由於沒聽清楚或誤解對方語意而產生的。不確定的時候，一定要追問：「你是說……？」或「你的意思是……？」並且與對方分享你的想法和夢想，就像是莉蓮・海曼（Lillian Hellman）所說的：「人們改變了想法，但忘記告訴對方。」

13. 慷慨地表達你的愛。把咖啡端到愛人面前，在沙發上相互依偎，為愛人按摩腳（你知道這樣感覺多好嗎），多擁抱，或在街上出其不意地把手緊搭在愛人的肩膀上。出差時，留下一張小紙條在他或她的枕頭下，說幾句情話！你是否觀察過那些長期保持浪漫生活的伴侶？他們常常熱烈地表達愛慕，述說著綿綿情話，就像他們初戀一般。只要一有機會就說：「我愛你！」有誰的心靈能不被這種溫暖的詞語所動呢？

14. 瑪麗・奧哈拉（Mary O'Hara）寫道：「如果你僅僅拿出一小部分自我、

一小部分時間和一小部分你的想法，你的愛情恐怕不能倖存。」要安排相聚的時間——談話、表達愛意、一起笑和玩。分享珍貴的時光——手牽手在細雨濛濛的清晨散步；一起嘗試新食譜，做一頓豐富、新鮮的晚餐；互相依偎著聽你們喜愛的音樂，安排浪漫的約會——比方說在一個輕鬆、愉快的小飯店中，享受一頓安靜的燭光晚餐。不要談孩子、工作或父母，談談你們的想法、彼此、你們的夢想、目標和計畫。或者，乾脆選個週末來個二度蜜月。

現在試試這些：

- 花點時間想一想，要怎麼做才能讓你的婚姻和家庭生活浪漫些。
- 用以上十四點作為一個啟發，寫下你自己的想法，並且留下一個空白，隨時加上新的想法。
- 注意一下你的愛人是何種反應，你們的關係是否有所改變。（愛是一個互動的過程——當其中一方改變了，另一方也必須改變，然後……。）

祝，愛得愉快！

44 不要害怕單身生活

人們總是在尋找他們身外的幸福。那是一個錯誤。幸福和愉快在於你自身，來自你的思維方式。

——佚名

每一粒沉睡的種子都在等待光明。

——克斯廷．戴恩賽（Kirsten-Daiensai）

在我未寫此書之前，我以爲單身的人比較不喜歡他們的生活，他們的主要目標就是尋找伴侶。我其實是大錯特錯！在研究過程中，我曾與許多生活豐富、生機勃勃的人交談，我發現單身生活的人們對自己生活滿意的程度，和有伴侶的人們沒什麼兩樣，有些甚至更多。我因爲自己已結婚很久，因而看不到不同生活的觀點。當我的研究更深入時，接觸了許多生活多彩多姿的單身人士。出乎意料之外，也讓我得到啓發。當我問他們想要對目前單身或即將單身的讀者說些什麼時，我聽到相同主題的回音，一遍又一遍。以下是他們所傳達給讀者的訊息。

一個了解自我的機會。每一個人都堅信，單身生活可以更認識自我。三十七歲的莉莎說：「你學著了解你這麼做的原因，有時候是痛苦的，但你愈了解自己，你就愈快樂，最後，我知道我的快樂是來自自己的內心，不能依賴其他人。我感到獨立、有能力和堅強。另一部分是因爲你沒人可以責備和埋怨。」說到這裡，她輕聲地笑著。

四十六歲的基恩說：「你與一個更高層次的自我在交流，發現了自己內在的力量——獲得了全部自我。當你處於平衡時，你會吸引與你類似的人——這是吸引的法則。」

五十九歲的艾琳說：「我一生都覺得必須對父母、老師、上司、丈夫或孩子盡責任和義務。而現在，一生中第一次，我可以直起腰，痛痛快快地說：『我在這裡，這就是我！』這種感覺眞好！我學會怎麼發展自己，就像我當初幫丈夫和孩子發展一樣；我看到鏡中的我，不斷地提醒自己我擁有的力量，我能夠完成我決定要做的事。」給自己時間去調整。當你剛喪偶或離婚時，你會感到極度悲傷、憂鬱、沮喪。一定要對自己有耐心，讓生活重新找到平衡需要時間。

在關係中就像是兩棵樹並排生長，彼此的根纏繞在一起。即使是爲了改善雙方的健康，而將根拔起分開，也會經歷破壞、蹂躪這些根的過程。雙方都會痛苦，會枯萎，然後才能慢慢地調整、適應一個新的自由環境，療癒自己——最後茁壯，在困境中變得更堅強。

如果你習慣將自己看成一對中的一部分，那麼將思維轉到自己是一個堅強、自我中心、自主的個體，是需要時間和努力的。五十六歲的羅拉坦承：「自丈夫過世，我花了兩年的時間來療傷。我找到一個對我有幫助的諮商師，看了一些不錯的勵志類書籍。當我從這個艱難的過程中走過來，我變得更堅強了，而且現在比以往任何時候都快樂。」

五十四歲的特德八年前離婚。他說：「你可以屈服，可憐自己，或你可以決定愉快地生活。這完全取決於你自己。我們必須對自己負責。我們完全可以透過改變自己的態度，而改變自己的境遇——就是這麼簡單！就像亨利・福特（Henry Ford）所說：『不管你認爲你能做或不能做，你大概都是對的。』」

原諒。與我交談的人都同意，除非你忘記過去的創傷——並且原諒給你帶來痛苦的人，否則你的傷無法療癒。細細咀嚼那些消極、不愉快的事只會消耗你的精力，讓你無法獨立。它只會加重你自己的翅膀，將你拉下來，使你無法展翅飛向新生活。

發展友誼。基恩說：「剛開始我想：『這倒不錯，我可以做任何我想做的事。』接著，我又感到孤獨、寂寞。然後，你會了解到你還有朋友。當然，孤獨的情緒有時還會侵蝕你，但這遠遠比不上和一個不合適的人結婚會有的寂寞。」

特德講了一個和尚的故事。這個和尚在山洞中生活了四十年，覺得自己已經頓悟。當他覺得自己已經成功完成修行，於是便回到塵世，結果一個小男孩不小心撞到他，他竟對這個孩子大發脾氣。他不了解眞正的頓悟，應該包括懂得如何了解別人及成功地與別人互動。

像亨利・梭羅（Henry Thoreau）所寫的：「洞中的鳥兒從不歌唱。」一個豐富人生的重要部分就是要有朋友。五十三歲的達勞恩建議說：「友好、坦率地對人，告訴他們你的過去，與男性和女性都交朋友，我們需要雙方的觀點。」更重要的是，如果你希望別人做你的朋友，你就需要做別人的朋友。（相關內容請參見第45節。）

「不要只與有可能進一步發展關係的人或興趣相投的人交往，還要眼界開闊地找新朋友，好朋友使生活更有價值。」貝特西說：「如果自然發展爲一種戀愛關係，當然好。成功的婚姻不都是建立在親密友誼之上的嗎？」

謝爾莉說：「當你單身以後，你的已婚朋友並不會拋棄你，但你絕對要明確表達你絕不會招惹她們的丈夫！」莉莎同意這一點，並且補充說：「招惹朋友的丈夫，毫無疑問是求得一時的自我歡樂，而失去終生的朋友。」

積極參與生活。所有人都同意，如果你積極參與周遭的活動，你就不會覺得孤獨、寂寞。把你的精力用在你所喜愛的活動上，到那些與你甚爲投機的人們去的場所。安妮參與一個社區小劇院的活動，並透過這些活動結識了一群互相激勵的朋友。其他人建議發起讀書會或投資理財俱樂部、當志工或參加健康俱樂部，那兒總是吸引很多有趣的人們。

「每一個經歷都是一個機會。你應該珍惜今天，全身心地感受生活——聽、看、感覺、聞、品嘗，」莉莎說，「要放開心胸。到新的地方或參加一個新的團體，一開始你會感到害怕，但你要記住，在那兒的每個人最初都可能有與你相同的恐懼，而且不久，你的害怕將會過去，你將盼望著新的冒險。」

精神同盟。一件使我感到意外的事是，這些我接觸到的生機勃勃的男男女女們，他們大部分都感受到某個帶著愛心的、有引導和支援作用的「精靈」在守護著他們。依照他們的不同宗教或不同哲學，他們稱之爲「上帝」、「精神同盟」或「守護天使」。特德說：「只有在我們請求時，守護天使才會出現在我們的生活中。一旦你了解有一股看不見的力量在幫助你時，你就不會感到孤獨。這是一件令人安慰的事，是一種感覺。」

珍愛這種自由。所有受訪者都渴望他們新發現的自由。愛琳說：「當男人開始認眞，我就對他失去興趣。我有一些寡居的朋友會對自己如此享受自由而感到罪惡。我當然希望有一天可以找到靈魂伴侶，但我不希望我的人生只爲了等待而存在。」大部分單身貴族均同意愛琳的看法。

珍愛孤獨。羅拉珍愛她有那麼多時間用於自己的工作和自己有興趣的事。她說：「如果我結婚了，我不可能做這麼多事。我喜歡獨居，儘管我性格外向，我珍惜和保護我自己獨處的時間。我還得很不好意思地承認，有時意外的訪客反而讓我覺得很不舒服。」

我在想，是否有家有室的人們認眞注意到了這一點，因爲每一個單身生活的人都談到他們珍愛自己獨處的時光。我們這些有家庭的人們是否給了對方足夠的個人空間，足夠的獨處時間？

幸福在於你是你自己。我研究的結果顯示，我們無論是單身還是已婚，都可能一樣幸福。關鍵是：幸福是一種心理狀態，它來自內心。它並不會自然發生，它需要你決定快樂和完整，並且必須付諸實踐。它需要冒險才能開花結果。迅速寫下：

1. 腦力激盪，列出在你生活中你十分感謝的地方。
2. 接下來，列出你希望在生活中擁有的其他東西。
3. 對每一樣你想擁有的東西，寫下你能得到它的所有方法——盡量讓自己發揮創意。

你什麼時候會開始行動？現在就開始如何？好好享受這個過程！

45

真正的朋友使你散發光輝

良好的友誼是脆弱的，需要小心關照，一如關照其他脆弱的珍寶。

——蘭道芙・博恩（Randolph Bourne）

幾十年來，喬舒亞・格林一直都是西雅圖商業和社會的棟樑——他是一個正直、誠實和成就卓越的象徵。他對成功的信條是：「無論是生意夥伴還是朋友，都只和堅強而且性格良好的人交往。」我從此發現，這是我所聽過最有價值的人生經驗和建議。

一句古老的印度格言說：「一個人會變得愈來愈像他所熱愛的團體。」想想看，這不無道理。因爲你總是受和你在一起時間最多的人影響最深，所以在擇友時一定要愼重。巴菲特同意這個說法，他說：「我從不與我不喜歡、不尊敬和不信任的人打交道。這是關鍵。這和婚姻很相似。」

綜觀我們的生活，友誼變得日益寶貴和重要。有堅定良好友誼的人們不僅長壽，而且更愉快，擁有更活躍的生活。

但是良好友誼並不是上天恩賜的。你希望別人做你的好朋友，你就得是別人的好朋友。我十分欣賞我研究所的一個朋友，她才華過人、聰慧機敏，而且很有趣。但是這位有這麼多優點的女士，卻幾乎完全以她自己爲中心，從來也不爲別人著想。有一次，我們說好一起到劇院看一場演出，她壓根兒就沒來，後來我打電話給她，她也只是輕描淡寫地說她臨時改變主意不想去了——但她連個電話都沒打給我。這種事情不只發生一次，直到我決定不再和她做朋友。對此，我仍有所遺憾。

當我在學校和一些朋友在一起時，我感到有些人對我是有害的。那麼，就應該權衡保持這種友誼是否明智。想像一個天秤，一邊代表的是友誼中的益處，另一邊則是害處。如果益處重於害處，繼續珍惜你的友誼；反之，你恐怕得重新考慮。如果你的朋友不爲他人著想、過分挑剔、不誠實，或是對你有不好的影響，也許是該讓這段友誼結束的時候。

或者，你可以選擇退一步，保持距離，並不是每個人都能成爲知心朋友。思考和朋友關係的另一種方式是問你自己：他們是你「陽台上」的朋友，還是你「地下室」的朋友。「陽台上」的朋友會站在陽台爲你鼓勵，幫你加油，他們激勵你發揮自己的優點、讓你有自信、讓你成長，他們欣賞你是因爲你的本性，鼓勵你向你的目標前進，激發你的思維，幫助你發現內心的喜悅，並且讓你快樂。這樣的朋友爲你的生活增添喜悅、美麗和豐富的內容，他們讓你變得深刻而豐富了你的精神。

而「地下室」的朋友則棲居蜷縮在地下室裡，拉你下滑到他們的水準，他們腐化了你的靈魂。

要讓你自己對你關心的人而言是「陽台上」的朋友。但同時要記住：

• 我們藉由和與自己不同的人交往而成長。如果我們只和與自己想法、做事方式完全一樣的人交往，不久我們就會變得無趣。要愛朋友的獨特之處。

• 每個人都有缺點。如果我們的朋友非得完美無缺不可，我們就不會有朋友了。

如果你的友誼由於互相爭執、誤解或無心的忽略，幾乎到了破裂的邊緣，而你珍視這個朋友，那麼就努力去彌補吧！

但不必爲了一個你不想發展的友誼消耗精力。讓你寶貴的精力和時間用於經營你珍視的友情——用體貼和關心、幽默和愉快的時光、欣賞和接納等態度來珍惜你的友誼。眞正的朋友讓彼此散發光輝。

Chapter 9

尾聲

請享受你的人生旅途！

46 如何知道自己正在成長?

攀登最高峰的唯一方法是一步一腳印,千里之行,始於足下。

——佚名

記得凱蒂嗎?你在第1節裡讀到的,那個害怕老去,而促使我最後下定決心寫這本書的朋友。當我在寫此書時,我們持續一起散步的活動,並且討論我寫出來的每一章節。

逐漸地,我注意到她對年齡的態度改變了,連她自己也變了。有一天,她對我說:「從前我覺得自己是一個被壓到水下的軟木塞。終於,我浮到水面,所有的事看起來都不一樣了。我覺得我的生活充滿機會,而非障礙。」

「當我重讀你書裡的前幾節,而且第一次了解它們所要表達的意思,我知道我正在成長。現在我明白了艾略特所寫的這些話：『我們將不會停止探索，每一次探險的結束都將引導我們到達最初出發的地方，而我們卻總覺得這是第一次來到這裡。』」

貝西在經歷痛苦的離婚時，讀了這本書的初稿，她說：「當我在經歷這些壓力時，偶爾會覺得自己滑下了深淵。然後，我努力把自己拉起來，讓這些痛苦和悲傷逝去，讓有意義的思考和想法來代替它們。整體來說，我知道，我在這個過程中有所成長。」

當我們決定成長，我們的進步不會是直線，而會是像上樓時握在手中的「溜溜球」（一種由一根線控制可以伸縮的玩具）一樣，上上下下或左右旋轉，總是遵循著上升的軌跡。當我們面對像貝西所經歷的那種情況，我們很容易滑下去。但我們還是可以再一次發現我們的路徑，通常要比以往更堅強、更有活力——因爲我們所面臨的挑戰激勵我們成長。不經歷痛苦，就不會有收穫。

最重要的是，你要記住——我們每個人都是獨一無二的。因此我們必須發現並走自己的路，這條路只屬於你自己，而不屬於其他任何人。

朗感到他似乎成長了，因為在過去，當他每天開車行駛在交通阻塞的高速公路上時，他總是對超車或開車不小心的人發怒，他總是既煩躁又筋疲力盡地到達工作地點。終於，他決定要掌控自己的反應，讓自己每天上下班的旅途變成一個愉悅的插曲。現在，他放鬆地跟著車流前進，聽音樂。碰到其他的人硬要卡到他前面，他就讓他們去，心裡想：「這是他的問題，不是我的。」

我先生讀過我寫的每一篇文章，他覺得自己正在成長，因為他不會因計畫被費時的繁瑣手續拖延而氣憤莫名。「現在，如果沒有其他的辦法，我可以順其自然，盡人事、聽天命，而不生氣。而且，我也比較能感受到同理心。」

當你有了下述的感覺時，你其實就是成長了：

★你在生活中感到更深刻的意義和目的——存在的理由。

★你了解自己是什麼人、自己是獨一無二的，做自己很好。

★正因為你喜歡自己，你了解不必和任何人競爭。

★用慷慨和寬宏大量的精神對待自己和他人——這樣你就能更容易諒解別人，忘記不愉快的事。

★你了解到當你愈不自我中心，你愈可以和周遭其他人及生活交流互動，你會感到自己是一個更好的人。

★你覺得自己變得更有智慧，對生活和對人有更深刻的理解，主要是因為你看到了人與事物如何影響彼此，你了解其中的關聯與互動。

★你變成「雌雄同體」，這意味著你能夠自在的讓自己性格中男性和女性的兩面融合，以達到健康的平衡。例如，如果你是男性，你會更樂意去寫詩或學做飯；如果妳是女性，妳則會開始學做家具或釣魚。

★你更願意去嘗試，哪怕有可能失敗或陷入窘境，你也不願意讓你的夢永遠只是一個夢。

★當你感到精神上的不和諧，你不會刻意忽略它，而是找出問題並試著解決。

★你不只覺得可以掌控自己的生活，並且知道因為如此事情會向更好的方向發展。

★正因為你在體力上更靈活、健康，當你成長時，你會感到更活躍、精力充沛、對生活充滿興趣——而且你體驗到心靈的平靜。

★你更能夠接受別人，了解到我們都是人，沒有人是完美的，而且我們之中大部分人都在盡自己最大的努力——當然結果會因人而異！

★當你心中充滿歡愉時，你體驗到更多的寶貴時光、高峰經驗——時間就此停住。

你覺得如何？以上哪些能引起你的共鳴？在哪方面你感覺似乎你已經變成最好的自己？

整理一下你的想法：

1. 坐下來想一想在哪些方面你有所成長，簡單寫下其內容和日期。

2. 接下來，回顧書中一些相關的章節來喚醒你的記憶，並寫下你希望繼續成長的方面。記住，個人成長不是目的地——這是一場漫長的人生旅途。

3. 當你寫下你想成長的各方面清單，留下來，每六個月拿出來看一看，加上你想做的事，記下你的新想法和新目標，並記下日期。

4. 過一段時間，你也許想重讀一下這本書的某些章節，看看它們是否對你產生不同的新意。

當我寫這本書時，我開始感到和身爲讀者的你有某種眞實的連結。我關心你，並且眞誠地想聽到你對這本書的感想和由此而生的行動。

親愛的讀者，請享受你的人生旅途！

生活是一種態度

作　　者　Dottie Billington
譯　　者　廖曉華
譯　　校　陳怡芬

發 行 人　林敬彬
主　　編　楊安瑜
編　　輯　吳瑞銀・王艾維
內頁編排　王艾維
封面設計　玉馬門創意設計有限公司・王艾維

出　　版　大都會文化事業有限公司
發　　行　大都會文化事業有限公司
11051 台北市信義區基隆路一段 432 號 4 樓之 9
讀者服務專線：（02）27235216
讀者服務傳真：（02）27235220
電子郵件信箱：metro@ms21.hinet.net
網　　　址：www.metrobook.com.tw

郵政劃撥　14050529 大都會文化事業有限公司
出版日期　2014 年 12 月二版一刷
定　　價　250 元
I S B N　978-986-5719-33-3
書　　號　Growth-080

First published in USA under the title LIFE IS AN ATTITUDE: HOW TO GROW FOREVER BETTER, by Dottie Billington.

Published by arrangement with Lowell Leigh Books.

4F-9, Double Hero Bldg., 432, Keelung Rd., Sec. 1, Taipei 11051, Taiwan
Tel:+886-2-2723-5216　Fax:+886-2-2723-5220
Web-site:www.metrobook.com.tw
E-mail:metro@ms21.hinet.net

大都會文化 METROPOLITAN CULTURE

國家圖書館出版品預行編目 (CIP) 資料

生活是一種態度 / Dottie Billington 著；廖曉華譯 .
-- 二版 . -- 臺北市：大都會文化，2014.12
240 面；14.8×21 公分
譯自：Life is an attitude: how to grow forever better
ISBN 978-986-5719-33-3（平裝）

1. 生活指導 2. 生活態度

177.2　　103023015

大都會文化　讀者服務卡

書名：**生活是一種態度（二版）**

謝謝您選擇了這本書！期待您的支持與建議，讓我們能有更多聯繫與互動的機會。

A. 您在何時購得本書：_____年_____月_____日

B. 您在何處購得本書：__________書店，位於__________(市、縣)

C. 您從哪裡得知本書的消息：

1.□書店　2.□報章雜誌　3.□電台活動　4.□網路資訊

5.□書籤宣傳品等　6.□親友介紹　7.□書評　8.□其他

D. 您購買本書的動機：（可複選）

1.□對主題或內容感興趣　2.□工作需要　3.□生活需要

4.□自我進修　5.□內容為流行熱門話題　6.□其他

E. 您最喜歡本書的：（可複選）

1.□內容題材　2.□字體大小　3.□翻譯文筆　4.□封面　5.□編排方式　6.□其他

F. 您認為本書的封面：1.□非常出色　2.□普通　3.□毫不起眼　4.□其他

G. 您認為本書的編排：1.□非常出色　2.□普通　3.□毫不起眼　4.□其他

H. 您通常以哪些方式購書：(可複選)

1.□逛書店　2.□書展　3.□劃撥郵購　4.□團體訂購　5.□網路購書　6.□其他

I. 您希望我們出版哪類書籍：（可複選）

1.□旅遊　2.□流行文化　3.□生活休閒　4.□美容保養　5.□散文小品

6.□科學新知　7.□藝術音樂　8.□致富理財　9.□工商企管　10.□科幻推理

11.□史地類　12.□勵志傳記　13.□電影小說　14.□語言學習（____語）

15.□幽默諧趣　16.□其他

J. 您對本書（系）的建議：

____

K. 您對本出版社的建議：

____

讀者小檔案

姓名：__________ 性別：□男　□女　生日：____年____月____日

年齡：□20歲以下 □21～30歲 □31～40歲 □41～50歲 □51歲以上

職業：1.□學生 2.□軍公教 3.□大眾傳播 4.□服務業 5.□金融業 6.□製造業

7.□資訊業 8.□自由業 9.□家管 10.□退休 11.□其他

學歷：□國小或以下 □國中 □高中／高職 □大學／大專 □研究所以上

通訊地址：______________________________

電話：（H）__________（O）__________ 傳真：__________

行動電話：__________E-Mail：__________

◎謝謝您購買本書，歡迎您上大都會文化網站（www.metrobook.com.tw）登錄會員，或至Facebook（www.facebook.com/metrobook2）為我們按個讚，您將不定期收到最新的圖書訊息與電子報。

生活是一種態度

北區郵政管理局
登記證北台字第9125號
免貼郵票

大都會文化事業有限公司
讀者服務部 收

11051台北市基隆路一段432號4樓之9

寄回這張服務卡〔免貼郵票〕
您可以：
◎不定期收到最新出版訊息
◎參加各項回饋優惠活動

大都會文化
METROPOLITAN CULTURE

大都會文化
METROPOLITAN CULTURE